信長って、どんな人？

―『信長公記《しんちょうこうき》』に見える本当の姿―

岡部　雄

はじめに

「織田信長《おだのぶなが》って、どんな人？」

こう聞かれると、多くの人は、長篠《ながしの》の戦いで大量の火縄銃を巧みに使用したことから「先進的な考えをもった人」であるとか、比叡《ひえい》山の焼き打ちで女・子どもも容赦なく皆殺しにしたことから「冷酷な人」であるとか、「鳴かぬなら　殺してしまえ　ホトトギス」の歌から「気が短い人」であるとか……このようなことを思い浮かべることと思います。果たしてこれらは信長の本当の姿でしょうか。これが、私がこの本を執筆しようと思ったきっかけです。

現在、一般的に思われている信長像はどのようにして作られていったのでしょうか。歴史上の人物像は、時代とともに変化することがあります。賛美されたり、批判されたり……。「ホトトギス」の歌は、江戸時代後半につくられた狂歌だと言われています。そのため、信長像の根拠となった史料を探し出して当時の社会背景を考慮に入れて、理解したり見直したりすることが必要となります。しかし、私は、それよりも信長が生きていた時代に立ち返り、信長と同時代を生きた人々は、信長をどう見ていたのかを知りたいと思いました。

そこで、信長の家臣だった太田牛一《おおたぎゅういち》が著した『信長公記《しんちょうこうき》』（※）に見られる信長の姿を基に、信長の本当の姿に迫っていくことを考えました。執筆に当たっては、次のような方法で、信長の姿を五十の項目にまとめました。

まず、『信長公記』の記述の中から、信長の性格を読み取ることができる言動を見つけ出します。

次に、それらの言動の中に信長のどんな性格が表れているのかを探り、一言でまとめて一つの項目としました。その際、信長が同じような言動を別の日にまたは別の場所で取っていないかを洗い出すようにし、一回きりの言動ではなく傾向としてまとめられるように気を付けました。

そして、信長の性格に関する五十の項目を、「好き・嫌い」「人間関係」「行動力」「内面」「信仰」「生活」「その他」の七つに分類してまとめました。

この本を手に取って読んでくださった方にとって、知らなかった信長の姿が一つでもあり、信長に対する見方が少しでも変われば幸いです。また、信長に対する理解がさらに深まることで、信長の取った言動の意味を正しく捉えることにつながればうれしく思います。

※『信長公記』は、織田信長の家臣だった太田牛一が信長の生涯について書き留めていたものを慶長五年（一六〇〇）ごろにまとめ上げた書物です。年を追って記述されていて、首巻および巻一から巻十五までの合計十六巻から成ります。

目次

織田信長
関係地図

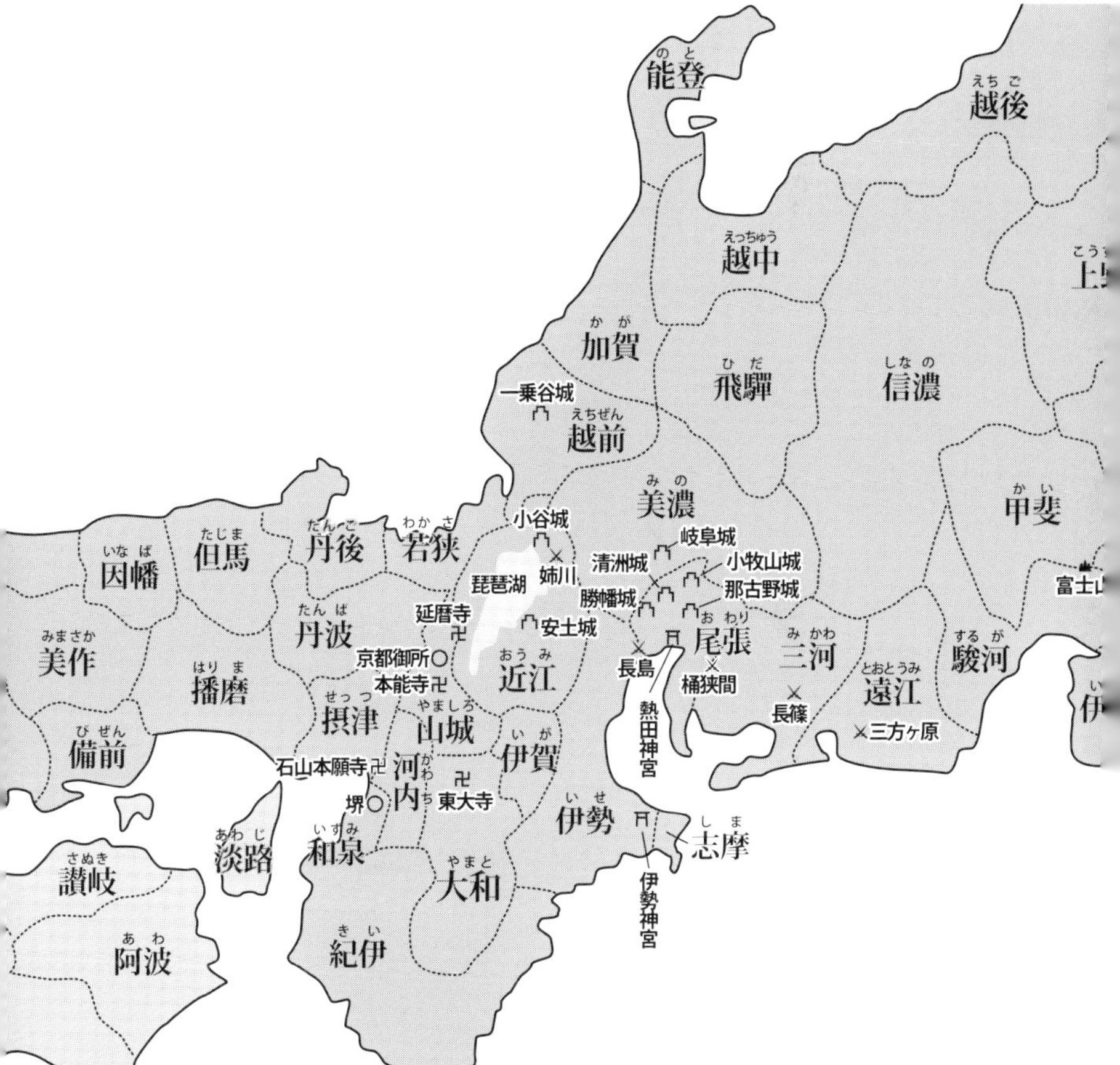

能登《のと》
越後《えちご》
越中《えっちゅう》
加賀《かが》
飛騨《ひだ》
信濃《しなの》
一乗谷城
越前《えちぜん》
美濃《みの》
甲斐《かい》
小谷城
岐阜城
丹後《たんご》
若狭《わかさ》
但馬《たじま》
因幡《いなば》
清洲城
小牧山城
姉川
琵琶湖
那古野城
勝幡城
延暦寺
安土城
丹波《たんば》
尾張《おわり》
三河《みかわ》
美作《みまさか》
駿河《するが》
遠江《とおとうみ》
京都御所
近江《おうみ》
長島
桶狭間
播磨《はりま》
本能寺
摂津《せっつ》
山城《やましろ》
伊賀《いが》
熱田神宮
長篠
三方ヶ原
備前《びぜん》
石山本願寺
河内《かわち》
東大寺
堺
伊勢《いせ》
志摩《しま》
淡路《あわじ》
和泉《いずみ》
讃岐《さぬき》
大和《やまと》
伊勢神宮
紀伊《きい》
阿波《あわ》

信長が歩んだ道（あらすじ）

※年齢は数え年です。

▼信長の誕生

信長は、天文《てんぶん》三年（一五三四）、尾張《おわり》国の勝幡《しょばた》城で生まれ、間もなく那古野《なごや》城に移りました。

▼尾張国の平定から岐阜《ぎふ》入城まで

天文二十年（一五五一）、父信秀《のぶひで》が病死すると、信長は家督を継ぎました【十八歳】（異説あり）。天文二十四年（一五五五）には清洲《きよす》城を、永禄《えいろく》二年（一五五九）には岩倉《いわくら》城を攻略して尾張国の平定を進めました。［永禄七年（一五六四）、犬山《いぬやま》城を攻略して尾張国全域を支配しました【三十一歳】。］

永禄三年（一五六〇）には、大軍で攻めてきた今川義元《いまがわよしもと》を桶狭間《おけはざま》の戦いで討ち、永禄十年（一五六七）には、美濃《みの》国の斎藤龍興《さいとうたつおき》を破って、本拠地を岐阜に移しました【三十四歳】。

▼足利義昭《あしかがよしあき》の入京から室町幕府滅亡まで

永禄十一年（一五六八）に、足利義昭とともに京都へ入り、義昭が征夷大将軍になることを手助けしました。

元亀《げんき》元年（一五七〇）には、越前《えちぜん》国を攻めますが、同盟を結んでいた北近江《きたおうみ》の浅井長政《あざいながまさ》が裏切り、窮地に立たされました。しかし、二か月後には、姉川《あねがわ》の戦いで徳川家康《とくがわいえやす》とともに朝倉《あさくら》・浅井軍と戦い、有利に立ちました。

この年の九月には、大坂方面を攻める信長に対して石山本願寺《いしやまほんがんじ》が挙兵し、これ以降、天《てん》正《しょう》八年（一五八〇）に石山本願寺が撤退するまで、何度か和睦をしながら十年ほど戦いが続くことになりました。

翌年の元亀二年（一五七一）には、朝倉・浅井軍に味方する比叡《ひえい》山の焼き打ちが行われました。

元亀四年（一五七三）、将軍義昭との関係が悪化し、義昭が信長に対して挙兵すると、信長は義昭を攻め、ついには追放して室町幕府が滅びました【四十歳】。

◆領国の拡大と安土《あづち》城築城

元亀四年（一五七三）の八月、朝倉義景《よしかげ》、浅井長政を倒し、越前国と北近江を平定しました。

天正二年（一五七四）、伊勢長島《いせながしま》の一揆《いっき》勢を攻撃し、平定しました。

天正三年（一五七五）五月、三河《みかわ》国に侵攻してきた武田勝頼《たけだかつより》を、徳川家康とともに長篠《ながしの》の戦いで破りました。同じ年の九月には、加賀《かが》国、越前国を平定しました。十一月には、家督を長男信忠《のぶただ》に譲り、尾張国、美濃国を譲るとともに、岐阜城を出ました【四十二歳】。

天正四年（一五七六）になると、近江国に安土城を建築し始め、安土城に居住しました。

その三年後の天正七年（一五七九）五月には、完成した安土城天主閣へ移りました【四十六歳】。

天正七年（一五七九）には、明智光秀《あけちみつひで》が丹波国《たんばのくに》、丹後国《たんごのくに》を平定し、天正八年（一五八〇）には、羽柴秀吉《はしばひでよし》が播磨国《はりまのくに》、但馬国《たじまのくに》を平定しました。

天正九年（一五八一）には、次男信雄《のぶかつ》が伊賀国《いがのくに》を平定しました。

天正十年（一五八二）には、信忠が高遠城《たかとおじょう》を攻略して攻め込み、甲斐《かい》の武田勝頼を倒しました。

▼信長の最期

天正十年（一五八二）六月、明智光秀が謀反《むほん》を起こし、信長のいる本能寺《ほんのうじ》を攻めました。信長は防戦しましたが、最後は切腹して四十九歳の生涯を閉じました。

信長が生きた四十八年間を大ざっぱにまとめてみました。四十八年間に、信長はどのような姿を見せ、それはどのような性格に基づいたものだったのでしょうか。

【織田信長主要関係系図】

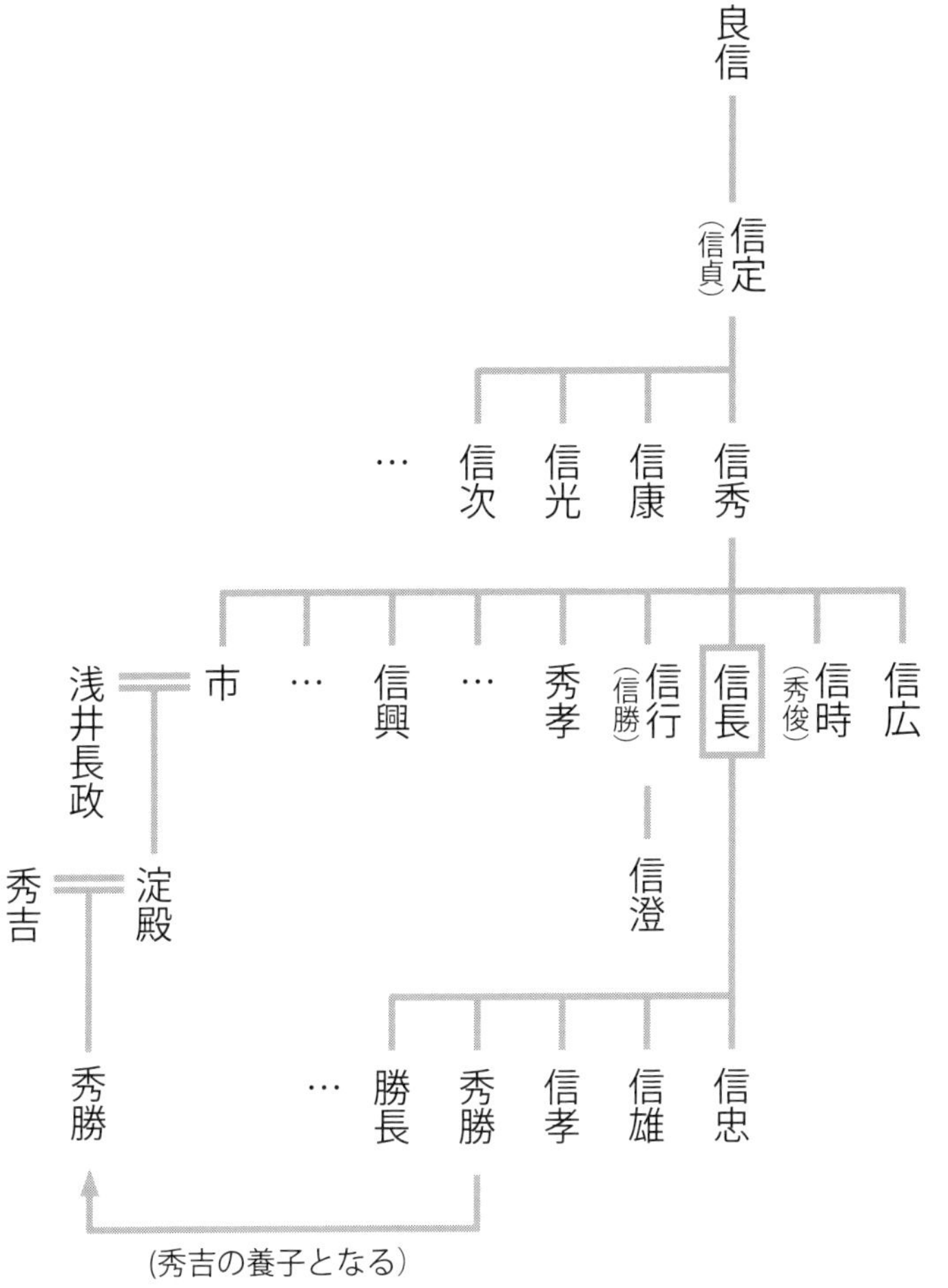

※信長には少なくとも11男10女の合計21人の子どもがいました。

第一章 好き・嫌い編

01

信長は、おしゃれが好きだった

信長が、若い頃、町の人から「大うつけ」と言われていたことが、『信長公記』首巻（最初の巻）に書かれています。その理由は、信長の身なりや振る舞いが当時の世の中の常識として考えられていた武士の態度から随分とかけ離れたものだったからです。

しかし、この信長の身なりは、見方を変えると、信長独特の感性、おしゃれと見ることができると思います。髪は、茶筅《ちゃせん》の形をした髷《まげ》を結っていましたが、それを紅色、萌黄《もえぎ》色という明るい色の糸で巻いていました。萌黄色と言えば、信長の有名な肖像画の一つである長《ちょう》興寺《こうじ》所蔵の肖像画に描かれた裃《かみしも》の色と結び付きます。信長の好きな色は、萌黄色だったのかもしれません。また、朱鞘《しゅさや》の太刀を差し、お付きの者には朱色の武具を着けさせていたことから「赤色（朱色）」も好きだったかもしれません。湯帷子《ゆかたびら》の袖《そで》を外して着て、半袴《はんばかま》をはいていたのは、弓や鉄砲、兵法の稽古《けいこ》など、信長の日頃の行動にぴったりの機能性を備えていた服装をしていたとも考えられます。世の中が平和な世の中であれば、ファッションデザイナーとして成功していたかもしれません。

信長が「大うつけ」でなかったことは、天文二十二年（一五五三）四月下旬に行われた義理の父親である斎藤道三《さいとうどうさん》との会見時の服装から分かります。会見場である正徳寺《しょうとくじ》までは、信長は、いつもの格好で出かけましたが、道三と会見する時には、髷を折り曲げて結い、褐色《かっしょく》の長袴をはいて身なりを整えました。礼儀をわきまえているからこそ、信長は、おしゃれだと言えます。ちなみに、出かけた際の身なりは、お気に入りの萌黄色の平打ち紐《ひも》で茶筅髷を結っていました。そして、金銀飾りのある太刀と脇差をわら縄で巻き、太い麻縄を腕輪にして、腰の周りには火打ち袋、ひょうたん七、八個をぶら下げ、虎皮と豹皮を四色に染め合わせた半袴をはいていました。何というおしゃれな格好でしょう。

もう一つ、信長がおしゃれであったことが分かる出来事を紹介します。

天正五年（一五七七）十一月十八日、京都にいた信長は、東山《ひがしやま》での鷹狩りの前に、鷹狩り装束で宮中へ向かいました。信長のお供をした御弓衆百人ほどは、信長からもらった虎の皮の靫《うつぼ》（矢を入れる道具）を背負って歩き、年寄り衆の中には鷹を肩に乗せて歩く者もいました。信長自身も鷹を肩に乗せて歩きました。一行は、おしゃれの限りを尽くし、美しく着飾っていました。まるでファッションショーのような光景が目に浮かびます。

02 信長は、イベントが好きだった

信長は、様々なイベントを開催して人を楽しませることが好きでした。そのいくつかを紹介します。

天正五年（一五七七）十一月十八日、京都にいた信長は、東山での鷹狩りの前に、鷹狩り装束で宮中へ向かいました。そして、美しく着飾った様子を京都の人々に見物させるというファッションショーのようなことをしています（この様子については、「01おしゃれが好きだった」のページに詳しく記述しました）。

また、信長は、伝統行事にアレンジを加えるという形で、人々を楽しませました。

天正九年（一五八一）一月十五日の左義長《さぎちょう》において、信長は独自のアレンジをしました。「左義長」というと、正月飾りなどを燃やす儀式で現在も行われていますが、もとは厄除けの火祭りであったと言われています。信長は、事前に、馬廻り衆に爆竹を用意させ、頭巾を

着けて趣向を凝らして思い思いの衣装で出場するように指示を出していました。左義長の当日、信長は、黒色の南蛮風の笠をかぶり、描《か》き眉《まゆ》の化粧をし、赤い色のほお当てを着け、唐《から》織《お》りの錦の袖《そで》なし陣羽織を着て、虎皮の行縢《むかばき》（腰から脚にかけたおおい）を着けて、葦毛《あしげ》で足の速い馬に乗りました。このような信長の姿からは、人々を楽しませようとする気持ち満々であったことが分かります。爆竹をどのように使ったかというと、騎馬を十騎または二十騎を一組にして、馬の後ろに爆竹を付けて鳴らしながら町中を走らせるというようにしました。このような信長流の左義長は、天正十年（一五八二）にも行われました。

　天正九年（一五八一）二月二十八日には、京都で馬揃《うまぞろ》えを開催しました。これは、天皇へ騎馬を見せるパレードです。内裏の東側に臨時の馬場と仮の宮殿を設営し、畿内及び近隣諸国の大名・小名・武将たちを召集して出場させるという大規模なイベントでした。その馬揃えの豪華絢爛《けんらん》な様子は、『信長公記』に詳しく描かれています。

　同じく天正九年（一五八一）七月十五日には、安土《あづち》城のライトアップを行いました。安土城の天主閣及び摠見寺《そうけんじ》に、たくさんの提灯《ちょうちん》をつるさせ、新道には松明《たいまつ》を持たせた馬廻り衆を配置し、入り江には松明を灯した船を浮かべさせました。城下一帯が明るく輝き、琵琶《びわ》湖の水面にも提灯や松明の灯が映り、美しい風景が作り出された一夜となりました。

03 信長は、勉強が好きだった

信長は、天文三年（一五三四）に尾張《おわり》国の勝幡《しょばた》城で生まれました。その後、父信秀《のぶひで》から那《な》古野《ごや》城を与えられて暮らしました。那古野城は、今の名古屋市中区にある名古屋城の二の丸辺りに当たりますが、そこから勉強するために、天王坊《てんのうぼう》という寺に通っていたということが『信長公記』首巻の記述から分かります。

信長は、十六から十八歳の頃までは遊びにふけることもなく、毎日、朝と夕方に馬術の稽《けい》古《こ》をし、三月から九月までは川へ入って泳ぎの練習をしました。泳ぎは達者であったということです。また、市川大介《いちかわだいすけ》から弓を習い、鉄砲の名人である橋本一巴《はしもといっぱ》を師匠として鉄砲の稽古をし、平田三位《ひらたさんみ》から兵法を学んだりしました。

竹槍の訓練を見た時には、信長は、「竹槍は短くては具合が悪い。」と言って、柄の長さを三間《けん》（約五・五メートル）または三間半（約六・四メートル）にそろえさせたといいます。このことから、信長は、馬術、泳ぎ、弓、鉄砲といった実技を身に付けるだけでなく、勝つためにはどうしたらよいかを考え、戦い方を改良していくほど、勉強熱心であったことが分かります。

信長が学識をもっていたことが、次の出来事からも分かります。

天文二十三年（一五五四）一月、駿河《するが》勢が、尾張国の小河《おがわ》城を攻めるために出陣してきたため、信長は、那古野城を出発して小河城へ向かいました。一月二十二日、熱田から小河へ舟で渡ろうとしたところ、船頭たちが大風のため渡航できないと言いました。信長は、昔、渡辺・福島において、源義経《みなもとのよしつね》と梶原景時《かじわらかげとき》が舟で渡れるかを言い争った時の風と同じくらいだと言って強引に出港しました。信長は、歴史についても学んでいて、それらを会話の中で普通に使うぐらい深く理解していたことが分かるエピソードです。

04 信長は、相撲が好きだった

信長の趣味の一つに、相撲《すもう》見物がありました。

『信長公記』の中に、初めて「相撲」が出てくるのは、元亀元年（一五七〇）三月三日のことで、近江《おうみ》の国中の力士を常楽寺《じょうらくじ》に集めて相撲を取らせて見物しました。この時を含めて、全部で十三回の相撲大会を開催したことが分かります（二日間続けて開催された場合も別々として集計）。そのうち十一回は安土山《あづち》で行われました。

「相撲」についての記述の内容としては、出場した力士の名前、相撲の結果、活躍した力士に対する褒美《ほうび》などが書かれています。元亀元年（一五七〇）の記述を紹介すると、次の通りです。

信長は、近江の国中の力士を常楽寺に呼び寄せて相撲を取らせて見物しました。この時、力士の鯰江又一郎《なまずえまたいちろう》と青地与右衛門《あおちよえもん》が勝ち抜き、二人は金銀飾りの付いた太刀と脇差を与えられ、家臣として召し抱えられて相撲奉行に任命されました。また、おもしろい取り口を見せた深尾又次郎《ふかおまたじろう》に対しては、信長は感心して褒美として衣服を与えました。

この記述を見ると、信長にとって相撲は見ること自体に楽しみがありましたが、強い力士をスカウトする場でもあったことが分かります。『信長公記』の記述からは、相撲によって信長の家臣として召し抱えられた者は、鯰江、青地の他に、たいとう、大塚新八《おおつかしんぱち》、あら鹿《が》など、十九人に上っています。

相撲の規模としては、天正六年（一五七八）二月二十九日に近江の国中の力士三百人を集めて行ったという記述や、同年八月十五日に近江、京都の力士、その他千五百人を安土へ呼んで行ったという記述が見られ、大規模な相撲大会が開催されたことが分かります。

相撲の好きな信長は、天正六年（一五七八）八月十五日の安土山での相撲において、家臣の永田正貞《ながたまささだ》と阿閉貞大《あつじさだひろ》が力が強いと前々から聞いていたということで、二人に相撲を取らせるということもありました。

また、相撲の時間については、天正六年（一五七八）八月十五日の相撲では、多くの力士が参加したことが分かっていますが、午前八時頃から午後六時頃まで、朝から晩まで続いたということです。天正八年（一五八〇）六月二十四日には、夜になったので提灯《ちょうちん》を点けて相撲を取らせたという記述も見られます。信長は、相撲が大好きだったことが分かります。

05 信長は、鷹狩りが好きだった

信長は、若い頃より鷹狩りを趣味としていました。このことは、『信長公記』首巻に出てくる、尾張国に住んでいた天沢《てんたく》という天台宗の和尚の話からも分かります。天沢が、関東へ下る途中、甲斐《かい》国の武田信玄《たけだしんげん》に挨拶をした際に話した内容の中で、次のように信長の趣味が書かれています。

信長は、鷹狩りの時には、二十人に「鳥見の衆」という役目を命じて、二、三里（約八～十二キロメートル）も先へ行って獲物の雁や鶴を探させました。そして、「馬乗り」という役目の者が、わらで馬を隠して鳥の周囲をゆっくり乗り回して近付きます。信長は、鷹を手に据え、馬の陰に隠れて鳥に近付き、走り出して鷹を放ちます。「向かい待ち」という役目の者が、鷹が鳥につかみかかった時に鳥を押さえます。信長は、鷹狩りが上手であったということです。

信長が、実際に、鷹狩りをしたことは、天正四年（一五七六）に二回の記述が見られ、それ以降も年に数回の記述があります。天正七年（一五七九）、八年（一五八〇）になると、どちらも十一回の記述が見られ、盛んに鷹狩りへ出かけていたことが分かります。

天正七年（一五七九）三月三十日の記述には、毎日のように鷹狩りをして信長も疲れるはずであるが、その体力には皆が驚いたというようなことが書かれていて、周囲の人々も鷹狩りの回数の多さに驚いていたようです。鷹狩りは、信長自身の体力作りにもなっていましたが、家臣たちにとってもハードな仕事であったようです。

信長のお気に入りの狩り場としては、回数の多さから挙げると、尾張・三河《みかわ》方面では吉良《きら》が多く、近江では長光寺《ちょうこうじ》山、京都では東山によく出かけました。

信長は、天正三年（一五七五）九月、越前《えちぜん》国を平定すると、越前国を支配する際に守るべき掟《おきて》を不破光治《ふわみつはる》らに命じましたが、その中に、鷹狩りに関する内容もありました。鷹狩りは、原則、禁止であるが、砦《とりで》を築くなどのために地形を見る必要がある時はしてもよいと決められていました。この内容からは、信長にとって、鷹狩りは趣味であり、体力作りであるとともに、現地視察でもあったことが分かります。

06 信長は、くじけない人が好きだった

これは信長に限ったことではありませんが、信長は、失敗にくじけず精力的に働く人が好きでした。そして、その頑張りに対しては、書状を書き送るなどして評価しています。『信長公記』に見られる羽柴秀吉《はしばひでよし》の働きぶりと信長の評価を中心に見てみることにします。

天正五年（一五七七）八月八日、信長は、柴田勝家《しばたかついえ》を総大将として北国へ軍勢を出陣させました。その際、秀吉も一緒に加賀《かが》へ出陣しましたが、勝家と意見が合わず、信長の許可も得ずに軍を解いて引き揚げてしまいました。これを聞いた信長は、激怒し、秀吉は困り果てました。しかし、秀吉は、大きな処分を受けることもなく、二か月後の十月十日には、謀反《むほん》を起こした松永久秀《まつながひさひで》の立て籠《こ》もる信貴《しぎ》山の城攻めに、信長の長男信忠《のぶただ》の軍勢として参加しました。そして、十月二十三日には、秀吉は、毛利輝元《もうりてるもと》の勢力下にある播磨《はりま》へ出陣しました。十月二十八日に、秀吉が、「播磨方面は十一月十日頃には決着が付くでしょう。」と報告すると、

信長から「早々に帰国できるとのこと、あっぱれである。」と朱印状をもらいました。さらに、秀吉は、但馬国《たじまこく》へ攻め入り、山口城《やまぐちじょう》、岩洲城《いわすじょう》、竹田城《たけだじょう》を次々と攻略しました。そして、十一月二十七日には、上月城《こうづきじょう》へ攻撃を開始して、十二月には但馬・播磨両国を平定しました。これに対して、信長は、十二月十日、三河の吉良へ鷹狩りをしに出かける際、「近日中に秀吉が帰陣するから、但馬・播磨を平定した褒美《ほうび》として『乙御前《おとごぜ》』の釜をやろう。帰り次第、秀吉に渡してやれ。」と言ってから出かけました。

天正七年（一五七九）九月四日、秀吉は、播磨から安土《あづち》へ戻ってきて、「備前《びぜん》の宇喜多直家《うきたなおいえ》から降参の申し入れがあり、これを許すことにしましたので、ご朱印状をください。」と報告をしました。信長は、事前に許可も取らずに勝手に談合したことに激怒し、すぐに秀吉を播磨へ追い返してしまいました。九月十日、秀吉は、三木《みき》方面で合戦となり、多くの敵を討ち取りました。翌日、信長は、京都へ向かう途中でその報告を受け、秀吉が先日の失敗を挽回するために頑張ったことを察して「三木城攻めの決着が付くまでは、いよいよ精根を詰めて油断なく努力せよ。」と書状を書き送りました。

信長の秀吉に対する評価は、上がり下がりの激しいものでしたが、そこには信長の愛を感じます。秀吉自身の憎めない性格もあったと思われますが、失敗にも決してくじけず、すぐに行動を起こして挽回する秀吉の姿を信長はほほえましく見ていたように感じます。

07 信長は、ルール違反が嫌いだった

信長は、道徳心が強く、規律に厳しい人でした。そのことが分かる出来事を紹介します。元亀三年（一五七二）、将軍足利義昭《あしかがよしあき》に提出した十七か条の意見書では、当時の義昭の行状について、すべきことをしていないことや、欲深な行いがあること、幕府出仕の者に対して恩賞や扶持《ふち》（主君から家臣に支給される米など）の与え方が不公平であることなどを十七か条にまとめて考え直すべきであると述べています。信長には、「将軍というのはこうあるべきである」という考えがあり、それから逸脱していることを黙っていられなかったのだと思います。

また、天正三年（一五七五）に越前を平定した後に信長が発した掟《おきて》には、不法な税を課してはならない、地侍たちを私的なことに使ってはならない、裁判は公正に行うことなど、越前国を支配する上で守るべき決まりが明確に書かれています。そこには、特別な事情があ

る場合には信長に相談することなどまで細かく取り決められています。信長は、領国においても決まりが守られず、世の中が混乱してしまうことを心配して、新しく領国になった国に対してこれから支配していくという最初の時点で決まりをはっきりさせているのです。

決まりが守られなかった場合には、どうなったのかが分かる出来事も『信長公記』には見られます。

天正九年（一五八一）、和泉《いずみ》国の検地を行ったところ、槇尾寺《まきのおでら》の僧たちが、検地の結果として、土地の一部を没収されることを嘆いて山下の村を占拠して承諾しなかったということがありました。これを聞いた信長は、「ただちに寺を攻略し、僧全員の首をはねて、堂塔は焼き払ってしまえ。」と命令しました。

信長は、天下を平和に支配するためには、支配者も領国民も決まりを守ることが大切であると考えていたことが分かります。

08 信長は、インチキが嫌いだった

信長は、正義感が強く、インチキを許せませんでした。そのことが分かる出来事を二つ紹介します。

一つ目は、信長の強い正義感を表す出来事です。

信長が、まだ尾張国の統一を進めていた、ある年の十二月の中頃のことです。池田恒興《いけだつねおき》の家臣であった左介《さすけ》という者が、親しい友人であった甚兵衛《じんべえ》という庄屋の家へ泥棒に入りました。すると、甚兵衛の女房が目を覚まし、左介にしがみついて左介の刀の鞘《さや》を取り上げました。このことを清洲《きよす》へ訴え出ると、互いの言い分が異なったため、「火起請《ひぎしょう》」によって決めるということになりました。「火起請」というのは、熱した鉄を持たせ、持てなかった者の申し立てを虚偽と判定する裁判の方法です。左介は、火起請の熱した鉄を取り落としましたが、その頃、恒興の家臣たちは権勢におごっていたので、証拠となる火起請の鉄を奪い取っ

て左介を成敗させないようにしました。そこへ、信長が鷹狩りの帰りに通りかかり、何事かということになりました。信長は、双方の言い分などを聞いた後、顔色を変え、火起請を行った時のように鉄を赤くなるまで焼かせました。信長は、「私が火起請の鉄を無事に受け取ることができたら、左介を成敗せねばならないから、そのように心得よ。」と言って、焼いた鉄を手の上に受け取り、三歩歩いて棚に置きました。そして、「この通りだ。見ていたな。」と言って、左介を成敗させたということです。恒興の家臣たちのインチキに対する信長の怒りも伝わってくる出来事です。

二つ目は、どんな時もインチキをそのままにしておけない信長の性格が表れている出来事です。

永禄十二年（一五六九）一月四日、将軍足利義昭《あしかがよしあき》のいる六条の御所が三好《みよし》三人衆や斎藤龍興《さいとうたつおき》らによって包囲され、信長が救援に向かおうとした時のことです。信長が岐阜《ぎふ》から馬に乗って京都へ向かおうとした時、馬借《ばしゃく》たち（馬で荷物を運送する業者）が荷物のことでもめているのを見つけました。信長は馬から下り、どの荷物も一つ一つ点検して「どれも同じ重さだ。急いで出発の用意をせよ。」と命じたといいます。「かまわず出発しろ。」という信長の一声で済みそうなことも、信長は、きちんと調べてインチキがないことを確かめて馬借たちを納得させているのです。信長の几帳面な性格も表れています。

09 信長は、怠け者が嫌いだった

信長は、やるべきことはきちんとやるべきであると考える真面目な性格をもっていて、そうでない人を許せませんでした。そのことが分かる信長の言動を紹介します。

元亀三年（一五七二）、信長が、将軍足利義昭《あしかがよしあき》に対して提出した十七か条の意見書の内容を見ると、次のことが書かれています。

- 宮中への参内を怠っていることは遺憾です。
- 真面目に奉公している家臣に対して米や銭を加給しないのはよくありません。
- 訴訟の決裁をしないままでいるのはよくありません。
- 「元亀」の年号は不吉だから改元すべきという声が上がっているのに、その準備を進めないのはよくありません。

以上のように、信長は、十七か条のうち、四か条にわたって、将軍義昭の職務怠慢に対して意見をし、どの内容に対してもきちんと行うように進言までしています。

もう一つ、信長が怠け者が嫌いであったことが分かる出来事が天正九年（一五八一）に見られます。

天正九年（一五八一）四月十日に、信長は、竹生島《ちくぶ》に参詣しましたが、周囲の予想に反して往復三十里（約一一八キロメートル）の道のりを日帰りで安土城《あづち》へ帰りました。城内の者たちは、信長が長浜《ながはま》に宿泊するだろうと考えていたため、二の丸まで出かけている者がいたり、桑実寺《くわのみでら》へ薬師参りに行っている者がいたりして、大慌てになりました。

これに対して、信長は、遊び怠けていた者を縛り上げ、桑実寺へは使いをやって、女房たちを出頭させるように命じました。そして、助命を願う寺の長老とともに成敗してしまいました。

信長は、女房たちのこのような行動を偶然に知ることになりましたが、この時代に油断は禁物であり、何よりも自分がいないのをいいことに、気持ちがたるんでいることが許せなかったのではないかと思われます。

第二章 人間関係編

10 信長は、気配りのできる人だった

信長は、こんなことまで気を配っていたのかということが分かる出来事が『信長公記』にはよく出てきます。信長が様々な場面で様々な立場の人のことを考えていたことが分かる出来事を紹介します。

元亀四年（一五七三）、将軍足利義昭《あしかがよしあき》が信長に対して反旗を翻して挙兵しました。信長は、義昭の追放後、この時の戦いで上京《かみぎょう》へ放火したことで町人たちは迷惑しているだろうと心配し、地子銭その他の諸税を免除しました。

天正六年（一五七八）一月十日、信長は、鷹狩りで捕らえた鶴を宮中へ献上するとともに、近衛前久《このえさきひさ》にも贈りました。翌日、そのお礼に前久が安土《あづち》へ来た時、前久が町屋に宿を取っていることを聞いて、信長は、松井友閑《まついゆうかん》の屋敷を宿として提供するように命じました。その上、衣服上下をいろいろ取り揃《そろ》えて進呈しました。

天正七年（一五七九）一月五日には、九鬼嘉隆《くきよしたか》が堺の港から安土へ年頭の挨拶に来ました。その際、信長は、「石山本願寺《いしやまほんがんじ》と和睦した今のうちに故郷の伊勢《いせ》に帰り、妻子の顔を見て、またなるべく早く戻ってくるがよい。」と温かい言葉をかけて休暇を与えました。

天正八年（一五八〇）正月一日には、近年、諸将が摂津《せっつ》方面においてそれぞれの城の守備をすることに懸命に努力しているという理由で、信長は、年頭の挨拶を省略しました。

天正十年（一五八二）の安土城での年頭の挨拶では、信長に挨拶した後、織田家一門、近隣諸国の大小名、馬廻り衆、甲賀《こうか》衆などが白洲《しらす》へ招かれました。しばらく待っていたところ、信長は、「白洲では冷えるだろうから南殿へ上がって、江雲寺《こううんじ》御殿を見物しなさい。」と指示を出しました。そして、天皇の行幸を迎える部屋へも招き入れています。

天正十年（一五八二）三月二十三日に、信長は、滝川一益《たきがわかずます》を呼び、上野《こうずけ》国及び信濃《しなの》二郡を与えました。その際、「年を取ってから遠国へ派遣するのは気の毒だが、関東八州の警固を命じる。老後のもう一働きとして上野に在国して東国支配の取り次ぎ役として一切を委任する。」と言って、信長秘蔵の葡萄鹿毛《えびかげ》の馬を与えました。そして、「この馬に乗って入国するがよい。」と言い添えました。

信長は、町人に対しても、公家に対しても、家臣に対しても、相手の気持ちを想像し、何を欲しているのかをくみ取って行動する人であったと言えます。

11 信長は、おもてなしの人だった

信長は、天下統一のために協力してくれた武将に対してはもちろんのこと、家臣や献上品を持ってきた人に対しても、その人が喜ぶようなことをしてもてなしをする人でした。

天正十年（一五八二）六月二日に起きた本能寺《ほんのうじ》の変の直前、信長は、徳川家康《とくがわいえやす》と穴山梅雪《あなやまばいせつ》を接待していました。信長は、この年の春に、武田勝頼《たけだかつより》らを討ち果たしましたが、ともに戦った家康は、信長から駿河・遠江《とおとうみ》両国を進呈されたお礼のため、梅雪は信長から本領を安堵《あんど》されたお礼のため、安土《あづち》に来ることになりました。そこで、信長は、まず、街道を整備させ、二人の宿泊地ごとに国持ち・郡持ちの大名たちが出向いて、できる限りのことをしてもてなすように命令を出しました。

家康と梅雪が安土に到着すると、接待役を命じられた明智光秀《あけちみつひで》は、京都や堺で珍しい食料を調達し、大変すばらしいもてなしをしました。ここでのもてなしは、五月十五日から十七日まで三日間に及んだということです。

五月十九日には、安土山の摠見寺《そうけんじ》で、信長は、家康と梅雪らに舞や能を見せて道中の労をねぎらいました。五月二十日には、江雲寺《こううんじ》御殿で食事を用意し、信長自身も膳を並べて一緒に食事をしました。食事が終わると、安土城へ招き、帷子《かたびら》を贈って歓待しました。

五月二十一日、信長は、「京都・大坂・奈良・堺をゆっくり見物されるとよいでしょう。」と伝えて、案内者を同行させせました。

このように、信長は、一週間にわたる予定を立てて家康らを楽しませようとしました。

この他にも、次のような信長のもてなしが『信長公記』には出てきます。

天正六年（一五七八）正月一日の新年の挨拶では、五畿内や近隣諸国の大名・武将たちが安土に参上しました。その際、信長は、朝の茶の湯に招待したり、御殿の中を見物することを許可し、狩野永徳《かのうえいとく》の絵や名物道具などを鑑賞させたりしました。

天正七年（一五七九）七月には、出羽《でわ》と陸奥《むつ》から鷹を献上してきた者たちに、安土城天主閣を見物させたり、衣服五着と黄金を与えたりしました。

天正八年（一五八〇）三月十日には、織田家と北条《ほうじょう》家が縁を結びました。この時、信長は、北条家の使者に、滝川一益《たきがわかずます》に案内させるので京都をゆっくり見物するようにと伝えました。

三日後の十三日には、金銀百枚を贈り、京都で故郷の土産《みやげ》でも買うといいと伝えました。

12 信長は、聞く耳をもっていた

織田信長、豊臣秀吉《とよとみひでよし》、徳川家康《とくがわいえやす》の三人の性格をよく表しているとして、「ホトトギスの歌」が有名です。信長の性格を表しているという歌は、次の通りです。

「鳴かぬなら　殺してしまえ　ホトトギス」

「殺してしまえ」という表現で、信長の短気で冷酷な性格を表していると言われています。しかし、実際には、そうでもなかったことが『信長公記』から読み取れます。信長は、何度か家臣の裏切りに遭っていますが、すぐに討伐するのではなく、まず裏切りの理由を尋ねているのです。

天正五年（一五七七）八月十七日の松永久秀《まつながひさひで》・久通《ひさみち》父子の謀反《むほん》に対して、信長は、「どんな理由があるのか、理由を申せばその望みを叶えてやろう。」と言っているのです。それも信長に対する二回目の謀反［一回目の謀反は元亀三年（一五七二）四月。］であるにもかかわらずです。

天正六年（一五七八）十月二十一日の荒木村重《あらきむらしげ》の謀反に対しても、信長は、「何の不足があってのことか、言い分があるなら申し出るがよい。」と謀反の理由を尋ねています。これらの出来事を基にすると、先ほどの「ホトトギスの歌」は、こうなります。

「鳴かぬなら　理由を述べよ　ホトトギス」

天正三年（一五七五）の加賀国・越前国の平定後に、越前国に出された掟《おきて》を見ても、信長が問答無用の性格でなかったことが分かります。掟には、「新しい事態が起きた場合でも何事においても、信長の指図に従う覚悟が大切である。」とした上で、「信長の指図に無理・不法なところがあるのを承知しながら言葉巧みに取り繕ってはいけない。何らかの差し支えがあれば、弁明するがよい。その申し出を聞き届けて理に従うつもりである。」としています。

信長は、家臣の意見を聞き入れるだけの広い心をもっていたようです。

13 信長は、寛容だった

信長といえば「冷酷」というイメージがあります。これは、比叡《ひえい》山焼き打ち、長島一向一《いっこういっ》揆《き》などに見られた容赦のない大量処刑から付けられたイメージだと思われます。しかし、信長は、何でもかんでも問答無用に非情な仕打ちをしたのではありません。信長には、罪を犯した者を許すという寛容な面ももち合わせていました。そのいくつかを紹介します。

まず、罪を犯した武士に対して見られた信長の寛容です。

弘治《こうじ》元年（一五五五）六月二十六日、守山《もりやま》城主であった織田信次《のぶつぐ》が誤って信長の弟秀孝《ひでたか》を殺してしまい、そのまま逃亡しました。信次が、数年間流浪していたのを哀れに思い、信次の罪を許して守山城主に復帰させています。

天正八年（一五八〇）に職務怠慢、不正蓄財などの理由で、佐久間《さくま》信盛《のぶもり》・信栄《のぶひで》父子が追放されましたが、信盛は、紀伊《きい》国の熊野の奥で病死しました。信長は、このことをかわいそうに思ったのか、天正十年（一五八二）一月十六日に、息子の信栄を許し、旧領を保障してやりました。信盛・信栄父子を追放する時には、彼らの行状について散々非難したのにもかかわらず、信栄を許しているのです。

次に、一揆勢に対して見られた信長の寛容です。

天正三年（一五七五）、信長は、越前国・加賀国を攻めて平定しましたが、この時、多くの敵将、一揆勢を切り捨てました。ところが、堀江《ほりえ》（あわら市）の一揆勢と小黒《おぐろ》（鯖江市）の門戸衆に対しては、その言い分に筋が通っていたので許したということです。信長に対して抵抗した一揆勢であっても、信長が納得できる理由があれば許したということが分かります。

14 信長は、気さくだった

信長は、身分で差別することなく、気軽に声を掛け、ざっくばらんに人と接しました。

信長が、尾張国の平定を進めていたある年の七月十八日、津島である踊りを開催しました。家臣たちに「赤鬼」「黒鬼」「餓鬼」「地蔵」「弁慶」といった仮装をさせ、信長自身は天人の仮装をして小鼓を打ち、女踊りをしました。その後で、津島の年寄りたちが清洲へ踊りのお礼をしに来た時に、信長は、年寄りたちを身近に呼び寄せて「これはひょうきんだった」「よく似ていた」などと、打ち解けて親しく言葉を掛け、団扇《うちわ》で仰いでやったりお茶を勧めたりしたということです。

天正六年（一五七八）九月には、九鬼嘉隆《くきよしたか》に建造させた大船を検分するため、信長は、京都から堺の港へ出かけました。その検分が終わると、今井宗久《いまいそうきゅう》の家へふらっと立ち寄り、宗久に茶を点ててもらいました。その後は、堺の商人である紅屋宗陽《べにやそうよう》、津田宗及《つだそうぎゅう》、天王寺《てんのうじ》屋道叱《やどうしつ》の三人の家にも立ち寄り、「茶のはしご」をしたようです。

天正七年（一五七九）十一月三日には、信長は、京都へ行く途中、瀬田橋の茶屋に泊まりました。そして、勤番の家臣やご機嫌伺いに来た人々に献上品の白鷹を見せました。また、十一月九、十日に京都で鷹狩りをした際、町人が狩り場へ酒を運び、信長は接待を受けました。この時、信長は、町人一人一人に言葉を掛けたということです。

天正十年（一五八二）正月、信長がいる安土《あづち》城へ織田家一門や近隣諸国の大小名たちが年頭の挨拶に来ました。その際、信長自らが厩《うまや》の前でお祝い金を受け取って後ろ手に投げ入れたということです。

このような信長の姿は、農民や町人、家臣にとっては、ありがたいことであったと思われますが、信長より上の身分の人にとっては、どう感じられたのでしょうか。信長と天皇との対面で次のようなことがありました。

天正五年（一五七七）十一月十八日、信長は、鷹狩り装束で参内し、天皇に鷹を見せました。鷹狩りのついでに御所へ立ち寄ったようですが、取りようによっては大変無礼な行いだと思われます。信長は、悪く言えば、なれなれしいと言うこともできます。信長の若い頃の振る舞いや、斎藤道三《さいとうどうさん》との面会についても、わざと演じていたわけではなく素のままの信長であったのではないかと考えられてきます。

15 信長は、世間の評判を気にした

元亀三年（一五七二）、信長は、不仲になった将軍足利義昭《あしかがよしあき》に対して十七か条の意見書を提出しました。その内容を見ると、信長が、世間の評判をかなり気にしていたことが分かります。十七か条のうち、七か条において、義昭のよくない行為とともにそれに対する世間の反応や評判についても述べています。それらを簡単にまとめると、次の通りです。

- 将軍義昭が、私用文書を直接出して馬などを献上させていることは、外聞もよくない。
- 幕府出仕の者に対して、働きや身分に見合った所領や米・銭を与えていないのは世間の評判もよくない。
- 将軍義昭が宝物類をよそへ移したことが、京の内外に知れ渡り、京都では人心が騒然としている。

●偶発的な事件を決まり通りに処罰せず、没収まですするのは、将軍義昭の欲得ずくだと世間では思うだろう。
●今は物騒な時節であるので、幕府の蔵に兵糧米がある状態こそ世間の聞こえもよいのに、米を売却して金銀に換えてしまったのは驚きである。
●寝所に呼び寄せた若衆を不当に代官職に任命したり、不当な訴訟に肩入れしたりするのは、世間から悪く批判されても仕方がない。
●将軍義昭が、何事に付けても欲深なので、道理も外聞もかまわないのだと世間は言っている。

これらのことから、信長がいかに世間の評判を気にして領内支配を進めていたのかが読み取れます。信長自身、自分が世間の人にどのように見られているかを常に意識していたとも取れます。そして、信長は、民衆が安心して暮らせるような公正な世の中を目指していたと言えます。

16

信長は、人気者だった

信長のいるところには、多くの人々が集まりました。

まず、信長に挨拶をするために人々が集まりました。

永禄十一年（一五六八）、信長は、足利義昭《あしかがよしあき》を入京させるための戦いで、芥川《あくたがわ》（大阪府）に本陣を置きました。信長が芥川に十四日間滞在していた間、外国や我が国の珍しい宝を持参して、信長に挨拶をしようとする人々で門前はごった返す有様だったといいます。

元亀元年（一五七〇）八月二十日、信長は、三好《みよし》三人衆らが立て籠《こ》もる大坂方面へ出陣しました。信長が、天王寺《てんのうじ》に陣を構えると、大坂・堺・尼崎《あまがさき》・西宮・兵庫辺りから、外国や我が国の珍しい品を持参して信長に挨拶に来る人や布陣の様子を見物に来る人などが大勢集まりました。

天正九年（一五八一）十二月末には、隣国、遠国の大小名や一門の人々が安土《あづち》に来て、信長に歳暮の挨拶をしました。金銀、舶来品、衣服、紋織などの結構なものを我も我もと献上する人々で、門前市をなす賑わいであったといいます。

このように、信長のいる陣や城には、信長に会うために多くの人々が押し寄せました。そのほかに、信長の姿を一目見ようとして人々が集まりました。

天正六年（一五七八）九月三十日、信長は、大坂湾での戦いに備えて伊勢の九鬼嘉隆《くきよしたか》に建造させた大船を検分するために堺の港へやって来ました。すると、堺中の僧も町人も男も女も信長を見ようとして衣服を着飾って集まったため、衣服にたきこめた香りがふんぷんと辺り一面に漂ったといいます。

信長の領国に住んでいる人々にとって、信長は、実質的な支配者であり、自分たちの生活と密接にかかわっていることもあり、注目の的であり、敬意を払っていたということが分かります。

17 信長は、気前がよかった

信長は、相撲《すもう》を見物するのが好きでしたが、その相撲で活躍した力士に褒美《ほうび》としていろいろなものを贈っています。

元亀元年（一五七〇）三月三日には、信長は、近江の国中の力士を常楽寺《じょうらくじ》に呼び寄せて相撲を取らせて見物しました。この時、信長は、勝ち抜いた鯰江又一郎《なまずえまたいちろう》、青地与右衛門《あおちよえもん》に対して、金銀飾りの付いた太刀と脇差を与えました。

天正六年（一五七八）二月二十九日、信長は、近江の国中から力士三百人を集め、安土山《あづち》で相撲を取らせて見物しました。この日は、二十三人の優れた力士に対して扇を贈りました。特に、日野長光《ひのちょうこう》という力士には骨を金銀で飾った扇を与えました。

天正六年（一五七八）八月十五日に安土山で行われた相撲は、近江、京都をはじめとして千五百人の力士が参加して、午前八時頃から午後六時頃までかかる大規模なものでした。この日は、珍しい賞品をいろいろ取り揃《そろ》えていて、参加した力士たちは終日入れ替わり立ち替わり賞品をもらいました。そして、よい相撲を取った力士に対しては、金銀飾りの付いた太刀、脇差、衣服上下の他、信長の領地から百石ずつ、屋敷までもらいました。

これらのことから、相撲大会の賞品として、金銀飾りの付いた太刀、脇差を贈るのが通常であったと思われますが、時には、扇や金銀で飾られた賞品、百石もの土地、屋敷まで与えることもあったというのは、金に糸目を付けない信長の気前のよさが分かります。

こんな出来事もありました。

天正三年（一五七五）十月三日、奥州《おうしゅう》へ取りにやっていた鷹五十羽が信長の下《もと》に届きました。信長はそのうち二十三羽を手元に置き、その他は家臣たちに分け与えました。十月十日には、信長は鷹十四羽を持って上洛しているので、いろいろな人々へ贈ったと思われます。結局、奥州から取り寄せた鷹五十羽のうち、信長の手元に残ったのは九羽で、四十一羽は他の人に与えたということになります。このことからも、信長が気前がよかったことが分かります。

18 信長は、人付き合いがよかった

信長は、天下統一を進める忙しい生活を送る中で、一方で、朝廷、将軍、町人、神官など、いろいろな立場の人々と交流を図りました。どんな交流があったのかを紹介します。

まず、朝廷との交流についてです。

天正三年（一五七五）七月三日、宮中で東宮（正親町《おおぎまち》天皇の皇太子、誠仁《さねひと》親王）が蹴鞠《けまり》の会を開催しました。信長は、馬廻り衆だけを従えて参内しました。蹴鞠は、清涼殿の庭で四回にわたって行われました。信長自身が蹴鞠に参加することはありませんでしたが、東宮と二十三人の公家が蹴鞠をするのを見物しました。

次に、将軍との交流についてです。

元亀元年（一五七〇）四月十四日、将軍御所が完成したお祝いとして、観世大夫《かんぜだゆう》、金春《こんぱる》大夫の二流合同の能の会が開催されました。能は七番まであり、信長は、摂家、清華家の人々、畿内隣国の大名・武将らとともに見物しました。

信長は、町人とも交流を図りました。

天正三年（一五七五）七月六日、上京・下京《しもぎょう》の町人たちが、妙顕寺《みょうけんじ》で能の会を開催し、信長が招待されました。能は八番まであり、信長は、摂家、清華家の人々らとともに鑑賞しました。

神官とも交流がありました。

天正二年（一五七四）五月五日、賀茂《かも》祭りの競馬の神事がありました。信長は、神社側から信長の馬も出場してほしいと頼まれました。すると、信長は、たびたびの勝ち戦に乗った葦毛《あしげ》の馬と鹿毛《かげ》の馬を二頭、そのほかに馬廻り衆の駿馬十八頭を揃《そろ》え、合計二十頭を出場させました。これらの馬には神官が乗り、他の馬と二頭一組で競馬をしました。信長は、この神事に武士にとって大切な馬を二十頭も貸し出したということであり、信長の、頼まれたらそれ以上のことをする人付き合いのよさがうかがえます。身分の高い低いを問わず、老若を問わず、大勢の人々が集まってきて見物したということです。

19 信長は、人を信用した

信長は、いろいろな人に裏切られました。しかし、信長は、人を信用して行動することが多かったと思われます。そのため、命の危険に遭うこともたびたびありました。事実、信長は、明智光秀《あけちみつひで》に裏切られて自害しているのです。信長が人を信用したことが分かる出来事を紹介します。

弘治二年（一五五六）五月二十六日、信長は、守山《もりやま》城主の信時《のぶとき》と二人だけで那古野《なごや》城にいる林秀貞《はやしひでさだ》のところへ行きました。林秀貞は、信長の一番家老でしたが、この頃、弟の林《はやし》美作守《みまさかのかみ》とともに信長を裏切り、弟信行《のぶゆき》側に付こうとしているという噂があり、実際に命を狙っていたといいます。あまりにも無防備な信長の行動であったと言えます。

元亀元年（一五七〇）四月、信長は、越前国の中央部へ侵攻中、北近江の浅井長政《あざいながまさ》に裏切られました。この情報を聞いた信長は、浅井が織田家と縁戚関係にあり、北近江一帯の支配を許していることから、誤報であると思いました。信長は、浅井は裏切らないと確信していたため、敵地へ深入りして危険な目に遭っています。

天正五年（一五七七）八月十七日、信長は、天王寺《てんのうじ》の砦《とりで》にいた松永久秀《まつながひさひで》・久通《ひさみち》父子に裏切られました。松永による裏切りは二度目でした。

天正六年（一五七八）十月二十一日、信長は、荒木村重《あらきむらしげ》に裏切られました。この時、信長は、荒木の裏切りの理由が分からず、本心を尋ねています。信長は、そんな行動を取るくらい荒木のことを信じて摂津国を任せていたということが分かります。

信長が、家臣だけでなく周囲にいた人々を完全に信用していたことが分かる出来事がありました。

天正六年（一五七八）六月十四日、信長は、京都の祇園《ぎおん》祭りを見物しました。この時、お供した馬廻り衆、小姓衆に、弓、槍、長刀《なぎなた》ほか武具を携えること無用という命令を出しています。そして、祭りの後、お供たちを帰し、小姓衆十人だけを従えてそのまま鷹狩りに出かけるということをしています。このことから、京都が平和になったことがうかがえますが、信長の敵はまだ多く存在したにもかかわらず、信長はそんなことはお構いなしに大胆な行動をしていたことが分かります。

20 信長は、人を操るのがうまかった

信長は、戦いにおいて様々な策略を使って天下統一を進めたと思われますが、ここでは、「引っ越し」における信長の策略の巧みさを二つ紹介します。

一つ目は、信長が尾張国をほぼ平定し、美濃《みの》国を支配しようとする中で、拠点を清洲から小牧《こまき》山へ移すことにした永禄六年（一五六三）頃の出来事です。

信長は、まず、身内の者たちを集めて二《に》の宮《みや》山（犬山市）という山中にある高い山に登りました。そして、信長は、「この山に城を築くことにする。皆ここへ家を移せ。」と命令し、屋敷地の割り振りをしました。これを聞いた身内の者たちは、「こんな山中に引っ越すのは大変だ。」と迷惑に思いました。身内の者たちにそう思わせたところで、信長は、「いや、小牧山に移ることにする。」と言い出しました。人々は、麓《ふもと》まで川が続いていて資材を運ぶのに便利な小牧山への移転を喜んだということです。信長は、最初に困難な要求を提示してお

いて、その後でそれよりも受け入れやすい要求をするという心理学でも有名な交渉術の一つを使って、小牧山への移転を行いました。

二つ目は、天正四年（一五七六）一月中旬から築城を開始し、二月二十三日に信長が居住を始めた安土《あづち》城での出来事です。信長が、岐阜《ぎふ》城から安土城へ移って二年ほどたった天正六年（一五七八）一月二十九日のことです。安土城下に住む御弓衆の福田与一《ふくだよいち》宅から出火し、火事が起きました。この理由を、信長は、妻子を本国に置いて安土へ引き移らせていないからであるとして、妻子を安土へ引き移らせていなかった御弓衆六十人、馬廻り衆六十人を叱りつけました。そして、岐阜の信忠《のぶただ》に命じて尾張国にあった家を焼き払い、安土へ引き移らせました。このことにより、なかなか進まなかった御弓衆、馬廻り衆の妻子たちの引っ越しを一気に安土へ移らせることに成功しました。信長の本当の目的は、火災防止ではなく、人質確保、城下町発展ということであったかもしれません。

21 信長は、家臣の指揮・統率でも苦労した

信長は、様々な敵と戦い、苦労しながら天下統一を進めていきましたが、その苦労は、敵に対するものだけではありませんでした。味方の指揮・統率の面でも、時に苦労をしたことが分かります。家臣が信長の指示通りに動かないために信長が怒ったという出来事をいくつか紹介します。

元亀四年（一五七三）、朝倉義景《あさくらよしかげ》・浅井長政《あざいながまさ》の軍勢が降参して撤退をし始めた八月十二日、信長は、必ず今夜中に朝倉は退散するだろうと考えました。そこで、信長は、滝川一益《たきがわかずます》・柴田勝家《しばたかついえ》・丹羽長秀《にわながひで》・蜂屋頼隆《はちやよりたか》・羽柴秀吉《はしばひでよし》ら部将に向かって朝倉を逃がさないように十分注意するように何度も命令しておきました。それにもかかわらず、部将らは油断してしまい、信長に先駆けされて後れを取ってしまいました。信長は、「何度も言いつけておいたのにもかかわらず、ためらって好機を逸したのは、お前たちの失態である。けしからぬ。」と部将ら

を叱りつけ、部将らは謹んでお詫びするということになりました。さらに、佐久間信盛《さくまのぶもり》は、涙を流しつつも、「そのようにおっしゃいますが、我々ほどの優れた家臣をお持ちになることは滅多にありますまい。」とうぬぼれて言いました。これに対して、信長は激怒し、「お前は自分の能力を自慢しておるのか。何を根拠にそう言うのか。片腹痛い言いようである。」と言って、機嫌が悪かったということです。

天正五年（一五七七）八月八日、柴田勝家を総大将として加賀へ出陣させましたが、この時、秀吉は勝家と意見が合わず、信長の許可も得ずに無断で引き揚げてしまいました。これを聞いて信長は激怒したということです。

天正七年（一五七九）九月四日、秀吉が播磨から安土《あづち》へ戻ってきて、「備前の宇喜多直家《うきたなおいえ》から降参の申し入れがあり、これを許すことにしましたので、朱印状をください。」と事後報告をしました。これに対して、信長は、「事前に自分の意見も聞かずに談合するとはけしからぬ。」と怒って、秀吉をすぐに播磨へ追い返してしまいました。

同年九月、信長は、次男信雄《のぶかつ》に摂津方面へ出陣もせず、勝手に伊賀《いが》と合戦をするのはけしからぬと書状を送りました。その中で、信長は、「勝手なことをしているようでは、親子の縁を切るようなことにもなる。」とまで述べています。

このように、信長は家臣の動きにも注意を払いながら、敵との戦いを続けていたのです。

第三章

行動力編

22 信長は、スーパーマンだった

信長が人並み外れた体力の持ち主であったことが、『信長公記』に出てくる様々な出来事から分かります。体力があればこそできた、短時間で信じられないくらいの長距離を移動したという出来事をいくつか紹介します。

天正九年（一五八一）四月十日、信長は安土《あづち》城から竹生《ちくぶ》島（滋賀県）に参詣しました。この時、信長は数えで四十八歳。安土城から長浜の秀吉の城までは馬に乗り、そこから琵琶湖を舟で五里（約二十キロメートル）進んで参詣しました。安土から竹生島まで陸路・水路合わせて片道十五里、往復三十里の道のりを日帰りで済ませました。当時の人々もこの信長の体力には驚いたようです。

信長自身の体力もすごいのですが、信長の乗っていた馬の体力も優れていたからできたことでした。そのことが分かる出来事が他にもあります。

天文二十四年（一五五五）六月二十六日、弟の織田秀孝《ひでたか》が、守山《もりやま》城主だった織田信次《のぶつぐ》らに誤って殺されてしまいました。これを聞いた信長は、状況を知るために清洲から三里（約十二キロメートル）の道のりを一気に馬で駆け通すということがありました。この時、信長の後を追った家臣たちの馬は、日頃から乗られることがなかったために駆け通すことができず、倒れる馬が続出したということです。信長は、毎日朝夕、馬の訓練をすることで、信長も馬も体力を養い、いつでも戦場へ駆けつけるだけの準備ができていたのです。

永禄十二年（一五六九）一月六日には、次のような出来事がありました。

足利義昭《あしかがよしあき》が京都入りし、将軍になって約二か月がたった頃のことです。信長は、三好《みよし》三人衆や斎藤龍興《さいとうたつおき》らに六条の御所を包囲されたという報告を岐阜で受けると、すぐに上洛しました。大変な大雪でしたが、信長は、三日間かかる道のりを二日間で京都に到着しました。信長と同時に駆けつけたお供は、十騎もなかったというほど速かったということです。

天文二十三年（一五五四）、駿河勢が知多《ちた》郡の小河にいる水野忠政《みずのただまさ》の城を攻めようとしたため、信長は救援のため出陣しました。その際、大風のため渡航できないと船頭たちに言われた海に強引に出港させ、二十里（約八十キロメートル）ほどの道のりを半時（約一時間）ほどで渡って着岸したといいます。この舟の速さを計算すると、時速八十キロメートルにもなります。これはオーバーですが、驚くほど速く海を渡ったのだと思われます。

23 信長は、「今」を大切にした

信長は、「今」の状況を的確に捉え、「今」何をすればいいかを瞬時に判断して行動に移す人でした。そのことが分かる信長の行動を二つ紹介します。

永禄三年（一五六〇）に起きた桶狭間《おけはざま》の戦いは、信長が行った様々な戦いの中でも有名なものとして、一、二番目に挙げられるのではないかと思います。この戦いの中で、信長は、「今」の状況を基に速やかに行動を起こして戦いを勝利に導きました。その決断の一つを紹介します。

永禄三年（一五六〇）、今川義元《いまがわよしもと》が尾張国へ侵入してきたので、信長は、丹下砦《たんげとりで》、丸根《まるね》砦、善照寺《ぜんしょうじ》砦、中島《なかじま》砦、鷲津《わしづ》砦を鳴海《なるみ》城の周辺に整備して戦いに備えました。五月十九日、今川義元は、鷲津・丸根の両砦を攻め落として、桶狭間山で休憩を取っていました。今川の軍勢、四万五千。信長は、戦況を見て、善照寺から中島へ移動しようとしました。その際、家老衆から、中島への道の両側は深田で足を取られ、一騎ずつしか進めないため、軍勢が少数であることを敵方に知られることを理由に反対されましたが、信長は、それを振り切って中島へ移動しました。この時、信長の軍勢は二千に満たない兵数であったといいます。そして、信長は、味方を鼓舞し、決戦に向かったのでした。

この戦いの勝利には、戦いの「今」の状況から、勝つためにはこの方法しかないと判断してすぐに中島へ移動したこと、今川勢がここまでの戦いをうまく進め、油断して休憩している「今」を逃さなかったことが、必要であったと思います。

信長が「今」を逃さずに決断した出来事をもう一つ紹介します。

元亀四年（一五七三）七月、信長に敵対の兵を挙げた将軍足利義昭《あしかがよしあき》は、真木島《まきしま》（京都府宇治市）に陣を構えました。信長は、宇治《うじ》川を渡って真木島を攻めようとしましたが、宇治川のすさまじい流れに部将たちがためらっていると、信長は、「先延ばしするならば、この信長が先陣を務める。」と言いました。部将たちは、後に引けない状態となり、二手に分かれて渡り切りました。そして、義昭のいる真木島を一気に攻め立て、義昭を追放しました。

このような「今」を大切にする信長の決断力が、信長軍の強さであったとも言えます。

24 信長は、せっかちだった

信長は、戦いにおいて、長期戦は嫌いで早く決着を付けたいと考えていたようです。信長は、対戦相手に対して、「日時を決めて一戦を交えて決着を付けよう。」と、よく提案しているのです。その出来事をいくつか紹介します。

元亀元年（一五七〇）十月二十日には、比叡山《ひえい》に立て籠《こ》もった朝倉義景《あさくらよしかげ》、浅井長政《あざいながまさ》の軍勢に対して、「互いにいつまでも抗争を続けるのは無駄なことであるので、一戦を交えて決着を付けよう。日時を決めて出撃して来なさい。」と申し入れをしましたが、朝倉・浅井方は、和睦を申し入れてきて停戦になっています。

二年後の元亀三年（一五七二）の朝倉・浅井勢との戦いでは、虎御前《とらごぜ》山に城を築いた信長は、「せっかくここまで進出したのだから日時を決めて決着を付けよう。」と申し入れました。朝倉・浅井方からの返事はなく、結局、信長は横山《よこやま》城まで引き揚げました。

天正四年（一五七六）、石山本願寺《いしやまほんがんじ》が挙兵すると、信長は、大坂へ軍を出陣させましたが、その軍が危うくなると、五月五日、信長は救援のために自ら出陣しました。大坂方の軍勢一万五千に対して、信長方はわずか三千ばかりの兵力であったため、家臣たちは合戦を控えた方がよいと進言しました。しかし、信長は、「このたび間近まで詰め寄ることができたのは天の与えた好機だ。」と言って進言を聞かず、攻撃を開始しました。人数としては、圧倒的に不利でしたが、多くの敵の首を討ち取り、敵を追い詰めました。

また、信長がせっかちなのは、戦いの期間に対してだけでなく、戦い方においてもせっかちであったと思われます。信長は、敵を攻める時に、桶狭間《おけはざま》の戦いでも見られたように、はじめから大将を目掛けて攻め込むことがよくありました。

永禄十一年（一五六八）の足利義昭《あしかがよしあき》を入京させるための近江での戦いでは、愛知《えち》川付近に着陣した信長は、近辺の数か所の敵城へは見向きもせず、六角義賢《ろっかくよしかた》父子三人が立て籠もる観音寺山《かんのんじやま》城及び箕作《みつくり》山へ攻め上ることを決めています。

永禄十二年（一五六九）八月、信長は、伊勢方面に出陣し、阿坂《あざか》城を攻略した後、近くの小城へは兵を出さず、いきなり中心部へ出撃して伊勢国司の北畠具教《きたばたけとものり》・具房《ともふさ》父子が立て籠もる大河内《おおこうち》城を攻めて攻略しています。

この信長のせっかちな性格が、チャンスを逃さないことにもつながったとも言えます。

25

信長は、有言実行の人だった

信長は、元亀二年（一五七一）九月十二日、比叡山《ひえい》の焼き打ちを行いました。しかし、この焼き打ちをいきなり行ったわけではありません。前年（一五七〇）の九月二十四日、朝倉《あさくら》・浅井《あざい》勢が比叡山に立て籠《こ》もったこともあり、延暦寺《えんりゃくじ》の僧たち十人ほどを呼び寄せて、次のように言って聞かせました。「これから信長の味方となって忠節を尽くすならば、信長の領国中にある延暦寺領は元通り返還しよう。しかし、出家の道理で一方のみに味方することはできないと言うのならば、朝倉・浅井方にも味方せず、我々の作戦行動を妨害しないでもらいたい。もしも、この二か条のいずれにも従えないと言うのならば、根本中堂、日吉大社《ひえ》をはじめとして一山ことごとくを焼き払うであろう。」その後、延暦寺の僧たちからは何の回答もありませんでしたが、信長は、ひとまずは遠慮し、事を荒立てないように兵を収めました。そんなことがあっての比叡山の焼き打ちなのです。

悪僧は言うまでもなく、助命を嘆願する者たちも決して許さず、一人残らず首を打ち落とし、数千の死体がごろごろと転がり、目も当てられない様子だったといいます。信長は、言ったことを実行することで、自分の覚悟を見せつけようとしたのかもしれません。

信長が、言ったことは必ずやるということを、周囲の者たちも理解していたことが分かる出来事が、天正六年（一五七八）にありました。

京都にいた信長は、五月十三日に播磨へ出陣し、毛利輝元《もうりてるもと》ら中国勢と戦う命令を出しました。しかし、五月十一日から十三日まで降り続いた豪雨により、各地で洪水が発生しました。賀茂川・白川・桂《かつら》川が同時にあふれ、十二、十三日の二日間、京都の小路はどこも水浸しとなり、上京の舟橋の町は、押し流されてしまいました。このような洪水でも、信長は、出陣すると決めた日にちを変更したことはないから今回も舟に乗ってでも出陣するだろうと考え、淀《よど》・鳥羽《とば》・宇治・真木島・山崎の者たちが、数百艘《そう》の舟を準備して五条の油小路《あぶらこうじ》まで参上し、待機しました。信長が、有言実行の人だったことは、周知のことだったようです。

第四章 内面編

26 信長は、優しかった

『信長公記』巻八に、「山中の猿《やまなか》」という話があります。信長の、人を気遣う優しさが伝わる話です。詳しく紹介します。

天正三年（一五七五）五月に行われた長篠《ながしの》の戦いの一か月ほど後の出来事です。

美濃と近江の国境に山中というところがありました。その道の傍らに、身体に障害のある者が雨露に打たれて乞食《こじき》をしていました。信長は、京都の行き帰りにこの様子を見て、大層哀れに思っていました。ある日、信長は、その乞食がいつも同じ場所にいる訳を町の者に尋ねました。すると、町の者は、昔、山中で常盤御前《ときわごぜん》（源義経《みなもとのよしつね》の母）を殺した報いを受けて、その子孫は代々身体に障害をもって生まれてそのように乞食をしていること、その者が山中の猿と呼ばれていることを話しました。

六月二十六日に、信長は、急に上京することになりました。信長は、山中の猿のことを思い出し、木綿二十反を自ら用意してお供の者に持たせました。

信長は、山中の宿で馬を止め、町の者たちを集め、木綿二十反を山中の猿のために与え、町の者たちに預けました。そして、信長は、「この木綿の半分を費用に充てて近所に小屋を作り、山中の猿を住まわせて飢え死にしないように面倒を見てやりなさい。」と言いつけました。さらに、「近隣の村の者たちは、麦と米を収穫の後、毎年二回ずつ負担にならない程度に少しずつ山中の猿に与えてくれれば、信長はうれしく思う。」と言い添えました。

この話には、地名や日付、具体的な内容が書かれているので、実際にあった出来事なのだろうと思われます。

信長の優しさが分かるエピソードをもう一つ紹介します。

元亀四年（一五七三）八月、朝倉義景《あさくらよしかげ》の軍勢が、敦賀《つるが》へ向かって退却する途中の刀根《とね》山の戦いでのことです。信長の家臣の兼松正吉《かねまつまさよし》が武者一騎を追いかけ、討ち取って首を持ってきたところ、兼松は裸足で足から血が出ていました。信長は、その様子を見て、「こういう時に役に立つ。」と言って、日頃より腰に付けていた足半《あしなか》（かかとまでない短い草履）を兼松に与えました。信長のさり気ない優しさが伝わってきます。

27 信長は、好奇心旺盛だった

『信長公記』には、信長の天下統一に向けた戦いの記述だけではなく、信長自身のことが分かるエピソードが載っています。その中から、信長がいろいろなことに興味をもち、知りたいと思ったら確かめずにはいられない性格であったことが分かるエピソードをいくつか紹介します。

時は、信長が清洲《きよす》の城へ入り、尾張国の統一を進めていた頃のことです。清洲の約五・五キロメートル東にあまが池という池があり、その池に恐ろしい大蛇がいるという噂が信長の耳に入りました。信長は、すぐに周辺の農民を集め、池の水をかき出させました。池の水が七割ほどになったところで、信長は、「水中に入って大蛇を探そう。」と言って、脇差を口にくわえて池の中に入ったといいます。結局、大蛇は見つからなかったということでした。

また、天正八年（一五八〇）には、こんなエピソードが載っています。無辺《むへん》という諸国行脚の旅の僧が石馬寺《いしばじ》に住みついていて、たびたび不思議な霊験を示すということで町人の間で評判となっていました。それを聞きつけた信長は、無辺を安土城《あづち》へ呼び出し、面会しました。結局、無辺は、不思議な霊験を信長の前で示すことができず、仏法をだしにして金を稼ぐ不届きな僧だったことがはっきりしました。そのため、信長は、無辺を追放し、後々のためとして最後は成敗しました。

天正二年（一五七四）三月に、信長は、奈良の東大寺《とうだいじ》に収蔵されている「蘭奢待《らんじゃたい》」をいただきたいと宮中へ願い出ました。蘭奢待というと、室町幕府八代将軍の足利義政《あしかがよしまさ》が切り取って以降は誰も許可されなかった貴重な香木でしたが、これを一寸八分（約五・五センチメートル）切り取らせて所有することにしました。これは、信長の力が、宮中にも及び権威を上げることにもつながったと思われますが、信長の性格からすると、単にどんなものかを見てみたいという興味もあったのではないかと思います。

28 信長は、武士のプライドが高かった

天正八年（一五八〇）八月、佐久間信盛《さくまのぶもり》・信栄《のぶひで》父子に渡された懲戒の文書を見ると、信長が、武士とはどうあるべきかについて高い意識をもっていたことが分かります。この文書を基に、信長の考える武士とはどんなものであったのかを見ていきます。

まず、佐久間信盛・信栄父子が、五年間、天王寺に在城しましたが、その間、格別の功績もなかったということを問題にしています。信長は、武士だったら、ひたすら持久戦にのみ固執するのではなく、勝敗の機を見定めて一戦に及ぶべきであると考えています。そして、武力による作戦が進展しなければ、利益誘導などの調略活動をし、それでも不十分であれば信長に報告して指図を受けて決着を付けるべきであったと書いています。信長は、武士は平和になるのを待つのが仕事ではなく、自分から現状を変えて平和にしていくことが仕事であると考えていました。

次に、家臣に対する扱いがよくないことを問題にしています。具体的には、家臣の補充もせず以前よりも家臣の数を減らしていること、家臣に知行地（家臣に報酬として分け与えた土地）を加増するのではなく自分の直轄にして卑劣な収入を得ていることなどを挙げています。信長は、部将ならば家臣に対して働きに見合った報酬を与え、養っていくのも大切であると考えていることが分かります。

そして、もう一度、武士の心構えについて、元亀三年（一五七二）に起きた三《み》方《かた》ケ《が》原《はら》の戦いを例に述べています。信盛の軍勢から一人も討ち死にを出さず同僚の平《ひら》手《て》汎《ひろ》秀《ひで》を見殺しにして平気な顔をしていたのは武士の心構えができていないからだと述べているのです。このことからは、部将は、戦いの先頭に立って指揮するべきであると考えていることが分かります。

29 信長は、「分」をわきまえていた

信長は、官職昇任の勧めを何度も断りました。これは、自分には、必要ない、欲しくないということで断ったのではなく、その官職に就くには、自分はふさわしくないと思っていたからであると考えます。その意味で、信長は、謙虚であったのだと思います。

永禄十一年（一五六八）、足利義昭《あしかがよしあき》が、征夷大将軍に任命されると、その最大の功労者である信長に、副将軍または管領職に任命しようという義昭の意向が再三伝えられました。しかし、信長は、それを辞退して受けませんでした。

元亀元年（一五七〇）四月十四日には、将軍御所の完成のお祝いとして開かれた能の会において、将軍義昭から信長にもっと上位の官職に就いたらどうか、希望があれば朝廷に取り次ぐとの話がありましたが、信長は、これも辞退して受けませんでした。

天正三年（一五七五）七月三日、宮中で東宮（正親町《おおぎまち》天皇の皇子、誠仁《さねひと》親王）が蹴鞠《けまり》の会

を開きました。この日、信長の官位昇進について天皇から勅命がありましたが、信長は遠慮して受けませんでした。その代わりに、信長の推薦により、明智光秀《あけちみつひで》ら五人の家臣が姓や官位を受けました。

同じ年の十一月四日、信長は、清涼殿に参上して権大納言《ごんだいなごん》に任じられました。そのお礼のために宮中に参内した十一月七日には、信長は、右大将にも任じられました。

この十一月の出来事から、信長は、決して官職を頑《かたく》なに断ったわけではないことが分かります。おそらく、信長は、その時点での自分の立場や業績を基にその官位官職に任命される資格があるのかを考え、ふさわしいと考えられるようになったところで、受けていたのではないかと思います。

『信長公記』首巻の最後には、信長が義昭を支援して入京する前の出来事として、次のエピソードがあります。

丹波《たんば》国の赤沢加賀守《あかざわかがのかみ》が、関東で優れた熊鷹を二羽手に入れて帰郷の途中、尾張国で信長に会い、「二羽のうちどちらでも差し上げましょう。」と言いました。すると、信長は、「お志はありがたいが、天下を取った時に頂戴するから、それまでお預けしておきましょう。」と言って鷹を返したといいます。

このことは、信長が、自分の「分」をわきまえていた証しであると言えます。

30

信長は、欲深ではなかった

信長は、何でも手に入るものは手に入れるという、がつがつとした物欲をもっていたわけではありませんでした。時には、持ち主に返したり、家臣に分け与えたりしました。そのことが分かる出来事をいくつか紹介します。

天正三年（一五七五）三月十六日、今川義元《いまがわよしもと》の子、今川氏真《うじざね》が、京都にいる信長のところへ挨拶に来て、「百端帆《ひゃくたんぼ》」という茶道具を献上しました。それ以前にも、氏真から「千鳥《ちどり》」の香炉と飯尾宗祇《いいおそうぎ》から伝えられた香炉が献上されたことがありました。その際には、宗祇の香炉は返却し、「千鳥」の香炉だけを受け取りました。信長の好みに合わなかったのかもしれませんが、献上品として使われる名品でも受け取らないこともあったのです。

天正六年（一五七八）に、息子の信忠《のぶただ》が育てた四羽の鷹の献上がありました。信長は、そのうちの一羽だけを受け取り、残りは信忠に返してやっています。

信長自身が何も受け取らないということもありました。

天正九年（一五八一）九月、伊賀を攻略中、河合の田屋某《なにがし》という者が降参して、有名な「山桜」の茶壺及び「きんこう」の茶壺を差し出しました。信長は、「きんこう」は返却し、「山桜」の茶壺だけを受け取って、滝川一益《たきがわかずます》に与えています。

信長が収集していた名物の茶道具については、『信長公記』に次のように書かれています。

天正三年（一五七五）十一月二十八日に、信長は、家督を信忠に譲りました。その際、信長は、茶道具だけを持って佐久間信盛《さくまのぶもり》邸に移りましたが、二年後の天正五年（一五七七）十二月二十八日には、「初花」の茶入れなど十一種の名物の茶道具も信忠に譲りました。

このような、物に対する信長の意識は、信長の考える武士としてのプライドの一つの表れとも言えるのではないでしょうか。

31 信長は、反省した

信長は、自らの行動を振り返り、うまくいかなかったこと、十分ではなかったことなどを反省しました。このことが分かる信長の行動を紹介します。

まず、信長が、合戦を振り返って泣いたことが『信長公記』に書かれています。

天文二十三年（一五五四）一月二十四日、信長は駿河勢が立て籠《こ》もる村木《むらき》城（知多郡）へ攻撃を開始しました。この戦いは午前八時頃から午後五時頃まで及ぶ戦いとなり、信長の小姓衆も数知れず負傷・討ち死にし、目も当てられない様子だったといいます。戦いは、駿河勢の降参で終わり、信長は本陣へ戻りましたが、家臣の働きや負傷者・死者のことなどを言って感涙を流したと書かれています。信長の非常に珍しい姿が描かれています。

また、信長が自らの行動を振り返り、味方となっている他の武将との関係を維持することに気を遣っていたことも書かれています。

天正二年（一五七四）六月、徳川家康《とくがわいえやす》方の高天神城《たかてんじんじょう》を武田勝頼《たけだかつより》が攻め寄せた際、信長父子は救援のために出陣しました。しかし、間に合わず高天神城は攻略されてしまいました。これに対して、信長は、心苦しく思い、兵糧代として黄金を二つの革袋に入れて馬に付けさせて徳川家康に贈っています。

天正六年（一五七八）四月七日、信長は、越中《えっちゅう》の神保長住《じんぼうながずみ》を二条の新邸に招いて、近頃対面しなかった理由を説明し、黄金百枚としじら（織物の一種）百反を進呈しました。

最後に、天正二年（一五七四）「朝倉義景《あさくらよしかげ》・浅井《あざい》下野《しもつけ》・浅井備前《びぜん》三人が首、御肴《さかな》の事」について、信長の反省という点から述べたいと思います。

正月一日に岐阜で行われた酒宴の席で、前年に北国で討ち取った朝倉義景、浅井久政《ひさまさ》、浅井長政《ながまさ》の三つの首を薄濃《はくだみ》（漆で塗り固めてから金泥《きんでい》などで彩色する方法）にして膳に置いて酒の肴にしました。この様子を信長の冷酷な面を表すエピソードの一つとして取り上げられることがありますが、ここの部分を丁寧に読み取ると、違った見方ができます。この酒宴では、京都及び近隣諸国の大名・部将たちが招待されましたが、三つの首が出されたのは、他国衆が退出した後であり、信長の馬廻り衆だけの時でした。頭蓋骨を薄濃にするというのは、敬意を払っているという見方もあり、越前と北近江を平定するまでに苦労したが達成できたことを振り返り、身内で喜ぶためだったのではないかと考えられます。

32 信長は、責任感が強かった

信長は、引き受けた任務に対しては、きちんと遂行する人でした。このことが分かる信長の行動について紹介します。

永禄十一年（一五六八）、足利義昭《あしかがよしあき》が将軍の座に就こうとして信長に頼った時、信長は、「自分の領国と京都とは離れていて、しかも微力であるが、天下のために忠義を尽くそう。」と決心して、命がけで義昭の頼みを引き受けました。

征夷大将軍に任命された義昭は、入京に尽力した人々に見物させるとよいとして、能の会を開催しました。能は、十三番の予定でしたが、信長は、「まだ隣国を平定しなければならないことであるし、戦いが完全に終わったわけではないから」と言って、五番に縮めさせました。信長は、天下を安定させるまでが自分の任務であると考えていたことが分かります。

翌年の永禄十二年（一五六九）一月四日には、三好《みよし》三人衆及び斎藤龍興《さいとうたつおき》、長井道利《ながいみちとし》らが将軍義昭がいる六条の御所を包囲するという事件が起きました。その報告を受けた信長は、京都まで三日間かかる道のりを二日間で駆けつけました。信長は、御所が安泰な様子を見て大変満足したといいます。

少なくとも永禄十二年の段階では、信長は、将軍を支援しながら天下を平和にし、安定した生活が送れるようにしようと努力していたことが読み取れます。

33 信長は、完璧主義だった

信長は、やる時には徹底してやる人でした。それは屋敷造りについても言えました。永禄十二年（一五六九）の将軍御所の建築に見られる、格式を高めるための様々な工夫について見てみたいと思います。

信長は、「きちんとした将軍御所がなくては不便だ。」と言って、将軍足利義昭《あしかがよしあき》のために将軍御所を整備することにしました。

まず、尾張・美濃・近江・伊勢・三河・五畿内・若狭《わかさ》・丹後《たんご》・丹波・播磨の十四か国の大名・武将たちを上洛させて、二条の古い屋敷の堀を広げる工事をさせ、将軍御所として改築することにしました。四方に石垣を高く築き上げ、京都内外の鍛冶屋、大工、製材業者を集め、隣国、隣村から材木を取り寄せて屋敷を造らせました。

そして、御所の格式を高めるため、金銀をちりばめ、庭には、池、流水、築山を造らせました。さらに、細川昭元《ほそかわあきもと》の屋敷にあった「藤戸石《ふじといし》」と、東山の慈照寺《じしょうじ》の庭に置かれていた「九山八海《くさんはっかい》」という名石を庭に据えさせました。藤戸石も九山八海もともに全国に名の知れた名石でした。その両方を将軍御所の庭へ運び入れたのです。そのほかにも京都の内外から名石、名木を取り寄せられる限り集め、眺めのいいように配置しました。馬場には桜を植えて桜の馬場と名付けるなど、不足するところがないように造らせました。

諸大名には、御所の周囲に屋敷を造らせて将軍御所の格式をさらに高めさせました。

このように、信長は、考え得るできる限りの手を尽くして将軍御所を造りました。

このほかにも、天正九年（一五八一）二月二十八日に、京都で行われた馬揃《うまぞろ》えにおいても、信長の完璧主義の性格がよく表れています。

会場については、内裏の東側に南北八町（約八七三メートル）の馬場を整備したり、仮の宮殿を建築したりしました。

馬揃えの内容については、参加する人数、馬場へ入る順番も細かく決められていたようです。信長の服装については、これ以上ないというくらいの貴重で高価なものを身に付けていました。

34 信長は、非情の人だった

信長は、犯した罪に対して情け容赦なく処分を行いました。

特に、修行に励み、人々を救済するという宗教の本質を忘れ、自分の欲望の赴くまま生活し、武力によってその生活を維持しようとしている宗教組織に対しては、冷酷なまでに厳しく処分しました。

元亀二年（一五七一）の比叡《ひえい》山の焼き打ちでは、日吉《ひえ》大社の奥の宮に逃げ込んだ僧、女、子どもすべてを一人残らず首を打ち落としました。数千の死体が転がり、目も当てられない様子であったといいます。

また、天正二年（一五七四）の伊勢長島での一向一揆《いっこういっき》に対する戦いでは、中江《なかえ》、屋長島《やながしま》の両城に立て籠《こ》もった男女二万人に対して、信長は、四方から火をつけて焼き殺すように命じました。

荒木村重《あらきむらしげ》の謀反《むほん》に対する処分も冷酷なものでした。

天正六年（一五七八）十月二十一日、荒木が謀反を起こしました。信長は、翌年十一月十九日、尼崎《あまがさき》・花熊《はなくま》の二城を明け渡せば人質の妻子らを助命するという条件を出しましたが、返答はありませんでした。そのため、信長は、悪人を懲らしめるため、伊丹《いたみ》城の人質を成敗するように命令を出しました。

十二月十三日には、人質百二十二人を尼崎に近い七松というところで磔《はりつけ》にしました。このほかに、女三百八十八人、男百二十四人、合計五百十二人が、家四軒に押し込められ、焼き殺されました。

十二月十六日、荒木の身内の者が京都で磔にされました。

これらは、荒木の武士らしくない行動に対する信長の怒りの表れであったのかもしれません。当時の人々にとっても悲しいことではありましたが、仕方がないことと考えたようです。

しかし、無抵抗の人たちを一方的に殺害したということではなく、お互いが生死をかけて戦う戦いの一部だと信長は考えていたのでしょう。今の常識から考えると、とても納得できるものではありませんが。

第五章 信仰編

35

信長は、仏教を否定しなかった

『信長公記』には、信長が、比叡山延暦寺《ひえいえんりゃくじ》、百済寺《ひゃくさいじ》（滋賀県）、槇尾寺《まきのおでら》（大阪府）を焼き打ちにしたことが書かれていますが、信長は仏教を否定したのでしょうか。まず、この三つの寺の焼き打ちの理由について見ていこうと思います。

比叡山の焼き打ちについては、信長がその前年に延暦寺の僧たち十人ほどを呼び寄せて、信長に味方するか、妨害をせず中立の立場を取るのか、どちらにも従えないなら一山ことごとく焼き払うと言明した通り、元亀二年（一五七一）九月十二日に実行されました。比叡山の僧たちが、出家の道を外れ、色欲にふけり、生臭ものを食べ、金銀の欲に溺れ、朝倉・浅井に加担し、勝手気ままな振る舞いをしていたということも書かれていて、このような実態が焼き打ちの理由になったと思われます。

百済寺の焼き打ちは、元亀四年（一五七三）四月十一日に行われました。その理由は、百済寺が近頃六角義賢《ろっかくよしかた》の子義治《よしはる》が立て籠《こ》もっている鯰江《なまずえ》の城を支援し、一揆《いっき》勢にも協力しているというものでした。

　槙尾寺の焼き打ちの理由は、天正九年（一五八一）、槙尾寺の僧たちが、検地の結果、土地の一部を没収されることを嘆いて山下の村を占拠して承諾しなかったことでした。

　次に、いわゆる「安土宗論《あづちしゅうろん》」と言われる宗論に対する信長の対応を見てみます。

　天正七年（一五七九）五月、安土で、法華宗と浄土宗の宗論が行われようとしていました。それを知った信長は、大げさなことはしないようにと両方に伝えました。浄土宗側では、信長の指示に従うと承諾しましたが、法華宗側は承知せず、宗論が行われることになりました。宗論は、問答に答えられなかった法華宗が負けとなりました。しかし、この結果は、宗論が始まる前に決まっていたようです。宗論の時の服装について、法華宗側はきらびやかな法衣を着飾り、浄土宗側は墨染めの衣で、いかにも質素な出で立ちであったとあります。信長は、法華宗の僧たちに誓約書を書かせる際に、贅沢な生活をしているにもかかわらず、学問もせず問答に答えられなかったことを厳しく責めています。

　これらのことから、信長は、宗教の教義自体を認めなかったのではなく、仏の道から外れて勝手気ままな暮らしをしている堕落した僧を認めなかったのです。武器を持って抵抗する寺に対しては、単に兵力を備えた集団としてしか見ていなかったと思われます。

36 信長は、神社を大切にした

信長は、尾張国で生まれました。信長の生まれた勝幡城《しょばた》の近くには、天王《てんのう》信仰の総本社である津島神社があり、尾張国には、三種の神器の一つである草薙剣《くさなぎのつるぎ》を祀る熱田神宮があります。このようなことから、信長は、幼い頃より神社に対する信仰をもっていたのではないかと思われます。信長が神社を修築したということが『信長公記』にたびたび見られます。信長と神社がどのような関係にあったのかについて見ていきます。

永禄十二年（一五六九）十月、伊勢国を平定した後、信長は、伊勢の内宮・外宮・朝熊山《あさま》に参詣しています。

天正三年（一五七五）五月十三日、三河の長篠城《ながしの》を包囲している武田勝頼《たけだかつより》の軍勢を後方から攻めるために、信長は、信忠《のぶただ》とともに岐阜《ぎふ》城から出陣しましたが、この日に、熱田へ宿陣しました。この時に、熱田神宮の摂社八剣宮が目も当てられないほど傷んでいるのを見て、その修築を大工岡部《おかべ》又右衛門《またえもん》に命じています。

天正七年（一五七九）十二月十日、石清水《いわしみず》八幡宮の本殿と前殿との間の木製の樋が腐って雨が漏れて社殿が朽ち果てている状態を伝え聞いた信長は、修築することにしました。それも、青銅製の樋に替えたり、担当者を任命したりして一日も早く完成できるようにしています。

天正十年（一五八二）一月二十五日、伊勢神宮側から式年遷宮が長い間中絶しているので、信長の援助によって復活したいと願い出がありました。費用としては、千貫あればありがたいという申し出に対して、信長は、取りあえず三千貫を寄進するよう命じ、そのほかは必要に応じて寄進することにしました。

このように、信長は、神社の修築を熱心に進めました。神社に対する徳を積むことで、武運長久を願っていたものと思われます。つまり、信長は、神の存在を信じていたと言えます。

37 信長は、キリスト教を許可した

『信長公記』の中に、キリスト教に関する記述はわずかしか出てきません。その少ない記述からだけでは、信長がキリスト教に対してどんな考えをもっていたのかを知ることは難しい面もありますが、少なくとも信長は、キリスト教に対して禁止はしなかったことが分かります。

キリスト教に関する記述として最初に見えるのは、キリスト教を利用して戦いを有利に進めようとする内容です。

天正六年（一五七八）十月二十一日、摂津国の荒木村重《あらきむらしげ》が謀反《むほん》を起こしました。信長は、高槻《たかつき》の城主高山右近《たかやまうこん》がキリシタンであったことを利用することを考え、バテレン（宣教師）を呼び寄せて高山が信長の味方になるように説得することを依頼しました。その際、信長は、その説得が成功すれば、キリスト教の教会の建設を許可し、引き受けなければキリスト教を禁教にすることを条件にしました。バテレンはこれを承知し、高山の説得に成功しました。このことから、信長は、キリスト教の布教を許可し、キリスト教の教会をどこに建ててもよいと許可したことになります。信長は、キリスト教に対しては、一向宗（浄土真宗）のように信徒同士が強く結び付き、反抗することは全く考えていなかったと思われます。

キリスト教に関するその他の内容は、安土《あづち》城下のバテレンの土地に関することです。

天正八年（一五八〇）閏《うるう》三月十六日から、信長は、担当奉行を決めて、安土城の南、新道の北に入り江を掘らせ、その土で田を埋め立てて、バテレンに屋敷地として与えました。

天正九年（一五八一）十月七日、信長は、近江の愛知川の川辺で朝の鷹狩りをした帰りに、桑実寺《くわのみでら》から新町通りへ直行し、バテレンの教会に立ち寄りました。そして、安土城下のバテレンの住居の土木工事について、あれこれ指図をしました。この土木工事は、十月二十日から開始されました。信長は、バテレンの住居を安土城下の北から南へ二筋、新町と鳥打に続けて建てさせようと考えて、小姓衆、馬廻り衆に命じ、沼地を埋め立てて町家を建築させました。

これは、安土城下にバテレンが住めるようにして、家臣や町人たちと交流できるような場を作ったということです。信長は、キリシタンが増加するかもしれないことを全く気にしていなかったと思われます。

38 信長は、天皇に尽くした

信長は、天皇の権威を復活させるために、できることは進んで取り組みました。そのことが分かる信長の行動を紹介します。

信長は、足利義昭《あしかがよしあき》を支援して入京した翌年（一五六九）、内裏が朽ち果てて、元の姿をとどめないほどになっていることを知り、朝山日乗《あさやまにちじょう》と村井貞勝《むらいさだかつ》を担当奉行に任命して修理することにしました。そして、二年後の元亀二年（一五七一）、紫宸殿《ししんでん》、清涼殿、内侍所《ないしどころ》、昭陽舎、そのほかの様々な建物の工事を完了させました。さらに、朝廷の収入面においても後々まで困ることがないようにと信長は考えて、京都市中の町人に米を貸し付け、毎月その利息を朝廷の費用に充てるように命じました。

また、信長は、久しく行われなくなっていた宮中の儀式を復活させました。天正六年（一五七八）正月一日には、神楽歌を歌ったり、いろいろな儀式を執り行ったりして、都の内外の人々が喜び合ったといいます。

信長は、天正七年（一五七九）十一月五日、自分の二条の新邸の工事が完了したところで、これを宮中へ献上することを申し入れ、十一月二十二日に東宮（正親町《おおぎまち》天皇の皇太子、誠仁《さねひと》親王）が新御所として移ることとなりました。この二条の新邸は、天正四年（一五七六）に空き地になった二《に》条《じょう》晴良《はるよし》の屋敷地を信長が気に入り、自分の屋敷として造らせた建物でした。天正五年（一五七七）閏《うるう》七月六日には、信長は、二条の新邸に移り、以降、『信長公記』に見られるだけで八回宿泊した屋敷でした。

最後に、皇祖神 天照大神《あまてらすおおみかみ》を祀る伊勢神宮に対する信長の行動も見ておきます。

永禄十二年（一五六九）、信長は、伊勢国を平定すると、十月六日に内宮・外宮・朝熊山に参詣しています。

天正十年（一五八二）一月二十五日には、伊勢神宮において、長い間式年遷宮が途絶えているのを信長の援助により復活したいという神宮側の願い出に対して、信長は、神宮側が希望した千貫の三倍の三千貫を取りあえず寄進するように命じ、後は必要に応じて寄進するようにさせました。

これらの信長の行動から、信長は、伊勢神宮を敬い、大切に思っていることが分かり、この意味でも天皇に忠義を尽くしています。

39

信長は、天命を信じた

天命とは、天から与えられた運命のことです。信長は、考えても無駄な時やピンチの状況に置かれた時に、自分の運命を天に任せました。

信長が「天」を意識して行動した場面を二つ紹介します。

永禄三年（一五六〇）の桶狭間《おけはざま》の戦いにおいて、信長は、今川義元《いまがわよしもと》の軍勢四万五千に対して二千にも満たない軍勢で戦うことになりました。今川勢への出撃をためらう家臣に向かって信長は、「少数の兵だからといって多数の敵を恐れるな。『勝敗の運は天にある』ということを知らぬか。」と言って、味方を鼓舞しました。

天正四年（一五七六）、石山本願寺《いしやまほんがんじ》が挙兵すると、信長は、軍勢を大坂へ出陣させました。しかし、大坂方は、信長の軍勢が立て籠《こ》もる天王寺の砦《とりで》を包囲して攻撃しました。その報告を受けた信長は、天王寺救援のため即刻自らも出陣しました。信長は、もう一戦交えようとしましたが、家臣たちは、大軍の大坂勢に対して味方が少数であることから引き留めようとしました。すると、信長は、「このたび間近まで敵に詰め寄ることができたのは天の与えた好機だ。」と言って再び攻撃を開始し、多くの首を討ち取りました。

どちらの戦いも多勢に無勢のピンチの状況ですが、信長は、その状況を天が与えてくれたチャンスである、戦いの勝敗は天が決めることであると捉えて、家臣を説得していることが分かります。信長は、戦いでは何が起こるか分からない、天が自分を必要としていればどんな状況でも勝つことができると天命を信じて戦いに挑んだことが想像できます。最後は、天命を信じるということですが、自分の決断の正しさを信じさせることにも使っていたと思われます。

第六章　生活編

40 信長は、お金持ちだった

領国を拡大していくにつれて、信長の財力がさらに大きくなっていくのは当然であると言えます。しかし、信長は、天下統一への道を歩み始めた頃には、莫大《ばくだい》な財力をもっていました。そのことが分かる出来事を紹介します。

永禄十一年（一五六八）、信長は、越前にいた足利義昭《あしかがよしあき》の頼みを受け入れて将軍にさせるために入京することになりました。足利義昭を美濃国の立正寺《りゅうしょうじ》に迎えた際、信長は、銅銭千貫文を積み上げ、太刀・鎧《よろい》・馬具・馬、その他の品々を義昭に献上しました。銅銭千貫文は、今の価値で一億から一億五千万円ほどに当たるそうです。義昭を将軍にさせるためには、さらに朝廷へ多額の献金も必要になったと考えられますが、信長には、それらを支払うだけの財力があったことが想像できます。義昭が信長以前に頼った越前国の朝倉義景《あさくらよしかげ》が、義昭を入京させなかったのは、義昭を将軍の座につけるだけの財力がなかったことも原因であったと考えることもできそうです。

信長が、義昭を入京させるための準備として近江国を平定し、畿内も制圧して大坂の芥川に滞在すると、早くも外国や我が国の珍しい宝を持参して信長に挨拶しようとする人々で門前があふれるほどであったといいます。このように、信長に従う人々から様々な献上品や献金があり、さらに財力を大きくしていきました。

永禄十二年（一五六九）、信長は、名物の茶道具などを差し出すように命令を出しましたが、そこに、信長の財力に関する興味深い記述が見られます。信長が、茶道具の名品などを集め出した理由として、金銀、米、銭には不足することがなかったから天下の名物を置こうと考えたと書いてあるのです。信長がお金持ちであったことが分かります。

信長が天下統一を進めることができた大きな要因の一つは、このような莫大な財力にあったと言えます。莫大な財力をもっていたために、義昭と出会い、義昭を将軍に就けることができ、将軍義昭を支援するという形で反抗する敵を討伐することが許され、天下統一を進めていくことになったと言えます。

41 信長は、名品を持っていた

信長が名物の茶の湯道具を収集していたことは有名ですが、茶の湯道具に限らず様々なものを所有していました。

名物の茶の湯道具などを収集しようとした動機については、『信長公記』巻二に、信長は金銀、米、銭に不足することがなかったので、中国から渡来した美術工芸品や天下の名物を手元に置こうと考えたと書かれています。信長の道楽というか箔を付けるために収集が始まったようです。「名物狩り」と呼ばれることもありますが、名物を召し上げる際には、信長は、一応、代価として金銀、米を下げ渡していたことも『信長公記』に書かれています。

信長が所有したものとしては、自ら収集したものの他に、信長の下《もと》へ献上品として集まってきたものもあります。

永禄十一年(一五六八)、信長が、足利義昭《あしかがよしあき》の入京のための戦いで、大坂の芥川に滞在すると、早くも外国や我が国の珍しい宝を持参して信長に挨拶しようとする人々で門前はごった返す有様であったといいます。それらの献上品の中には、源《みなもとの》義経《よしつね》が一ノ谷《いちのたに》の合戦時に着用していた鎧《よろい》もありました。

信長は、所有した名物を眺めて楽しんだだけでなく、家臣に褒美《ほうび》として与えました。天正四年（一五七六）二月二十三日には、安土《あづち》城の工事の褒美として、丹羽長秀《にわながひで》に珠光《じゅこう》茶碗を与えています。天正五年（一五七七）には、但馬・播磨を平定した褒美として、「乙御前《おとごぜ》」の釜を秀吉に与えています。

その他の名品として献上されたものには、鷹や馬がありました。

鷹について言えば、天正七年（一五七九）七月二十五日、陸奥国から白鷹が献上されたことがありました。信長は、この白鷹を大変気に入り秘蔵しました。

馬について言えば、天正三年（一五七五）十月十九日、奥羽《おうう》の伊達輝宗《だててるむね》から名馬がんぜき黒、白石鹿毛《かげ》の二頭が献上されるなど、名馬が献上されていて、天正九年（一五八一）二月二十八日に京都で行われた馬揃《うまぞろ》えで、それらの名馬が披露されています。

信長の所有品について見ていくと、信長の支配力がどの範囲まで広がっていたかを知ることもできます。

42 信長は、富士山見物をした

他国を攻めて勢力を拡大したり、自国を守ったりする戦いが続いた戦国の世の中において、信長が、富士山見物をしたことが『信長公記』に書かれています。信長の富士山見物がどんなものであったかを紹介します。

天正十年（一五八二）三月、強敵であった武田《たけだ》氏を滅亡させたこと、その戦いの実質的な指揮を息子の信忠《のぶただ》が務めて手柄を立てたことを、信長は、非常にうれしく思ったことでしょう。その後、信長は、諏訪《すわ》を出発して富士山を見物し、駿河、遠江を回って安土《あづち》へ帰ることにしました。毎日、敵との戦いや領国経営ばかり考えていた信長にとって、少し気を休めることができるひとときであったと思われます。

四月二日、信長は、諏訪を出発して台が原（山梨県）に到着しました。宿泊所の建設や食事の用意などは滝川一益《たきがわかずます》が指揮を執りました。

四月三日、信長が台が原を出発して約五百メートルほど進むと、富士山が山あいから見えました。当時の人々にとっても、富士山は名山で知られていました。真っ白に雪が積もる美しい富士山の風景を見て、信長の一行は、心を躍らせたといいます。信忠が武田信玄《しんげん》の館跡を整備して立派な仮御殿を建てたので、信長は、そこに滞在しました。

四月十日には、信長は、東国の戦後処理を済ませて、甲府を出発しました。

四月十二日に、信長は、本栖《もとす》（山梨県）を出発した後、かみのが原、井手野（静岡県）で富士山を間近に見ました。富士山の山頂に雪が積もった様子を白雲のようであったと書いています。

その後、信長の一行は、浅間《せんげん》神社や白糸の滝、田子の浦、三保の松原、大井川、浜名の橋などの各地の名所を見物したり、土地の者からその由来などを聞いたりしながら、安土へ帰っていきました。

徳川家康《とくがわいえやす》の領国内では、街道が整備され、川に舟橋が架けられ、道の左右にはすき間なく警固の兵が配置され、宿泊地ごとに陣屋が建てられるなど、この上ない準備がされ、信長は、行く先々で酒の接待を受けました。

四月二日に諏訪を出発してから四月二十一日に安土へ帰るまで二十日間の旅でした。

43 信長は、京都に家がなかった

京都での信長の宿泊場所は、ずっと同じではありませんでした。その意味で、信長には京都に家がなかったと言えます。では、どこに泊まっていたのかについて紹介します。

永禄十一年（一五六八）、足利義昭《あしかがよしあき》を支援して京都に入った時には、東福寺《とうふくじ》に宿泊しました。

元亀元年（一五七〇）三月五日の上洛では、上京の半井驢庵《なからいろあん》の屋敷に宿泊しました。

元亀三年（一五七二）三月十二日、信長は、上洛して、二条の妙覚寺《みょうかくじ》に宿泊しました。この時、将軍義昭から京都に信長の屋敷がないのは不便なので、上京の武者小路の空き地に屋敷を建築させようと思っていると天皇に伺いを立てたところ、許可が下りました。信長はこのことを何度も辞退しましたが、たびたび上意が伝えられたので、指示に従いました。信長は、義昭が入京して将軍になった翌年（一五六九）に、将軍御所を建築していますが、自分自身の屋敷については、全く無《む》頓着《とんちゃく》でした。この武者小路の屋敷は、将軍義昭との関係が悪化したため完成には至りませんでした。

天正四年（一五七六）になると、信長は、関白二条晴良《にじょうはるよし》の屋敷地が空き地になったので、そこに屋敷を建築することにしました。翌年（一五七七）閏《うるう》七月六日に二条の新邸に宿泊し、それ以降、『信長公記』によれば、八回宿泊しています。

しかし、この二条の新邸も、天正七年（一五七九）十一月四日に工事が完了したところで、信長は、皇室へ献上することを申し出て、十一月十六日には妙覚寺へ移りました。信長の二条の新邸は、十一月二十二日に二条の新御所となり、東宮（正親町《おおぎまち》天皇の皇太子、誠仁《さねひと》親王）が入りました。

では、信長が京都で一番多く宿泊した場所はどこだと思いますか。それは、二条にあった妙覚寺でした。『信長公記』に見えるだけで、信長は、十三回宿泊しています。

信長が最後に宿泊したのは本能寺《ほんのうじ》でしたが、天正八年（一五八〇）二月二十六日に本能寺を宿泊場所と決めてからは、『信長公記』には二回しか出てきません。

44

信長は、お父さんだった

信長は、家族をどう考えていたのでしょう。父親としての信長の姿が垣間見える出来事を、特に、長男信忠《のぶただ》、次男信雄《のぶかつ》との関係を中心に見てみたいと思います。

まず、信忠との関係についてです。

元亀三年（一五七二）七月十九日、信長は、信忠の具足初め《ぐそく》（初めて甲冑《かっちゅう》を着用する儀式）を許可し、父子そろって北近江へ出陣しました。信長が、数えで十六歳の信忠に付き添って初陣を飾ったということです。

天正三年（一五七五）十一月二十八日、信長は、家督を信忠に譲りました。この時、信長は数えで四十二歳、信忠は数えで十九歳でした。この年は、五月に長篠《ながしの》の戦いで武田勝頼《たけだかつより》の軍勢を破ったり、加賀・越前両国を平定したり、十月には石山本願寺《いしやまほんがんじ》と和睦が成立したりした年でした。信長は、天下統一を進める中で一段落着いたところで、信忠に家督を譲ったと言えます。

信長は、信忠に尾張・美濃の二国や、自分が収集してきた天下の名物を譲り、茶の湯道具だけを持って岐阜《ぎふ》城を出ました。二年後（一五七七）の十二月二十八日には名物の茶道具も信忠に譲りました。

次に、信雄との関係についてです。

永禄十二年（一五六九）十月四日、信長は、伊勢国を平定すると、信雄を大河内《おおこうち》城主として入城させました。この時、信雄は数えで十二歳でした。信長は、次男信雄を早い時期に織田家から出し、尾張国とともに伊勢湾を囲む重要な地域である伊勢国に配置しました。

天正七年（一五七九）九月、信長は、信雄に対して、勝手に伊賀国へ侵攻して負け戦をしたことを叱責する書状を送りました。その書状の中で、信長は、上方へ出陣することが天下のためになり、父への孝行になり、兄信忠への思いやりになる、場合によっては「親子の縁を切るようなことにもなる」と書いています。信雄を、大将信長の子、嫡男信忠の家臣であることを意識して行動するようにいさめているのです。

このほかには、信長は、信忠、信雄に相撲《すもう》を見物させたり鷹狩りをしたりもしています。

信長自身は、弟信行《のぶゆき》を謀殺しましたが、自分の子どもたちは、兄弟仲良く力を合わせて、織田家、織田軍を盛り上げていくように願ったことだろうと思います。

第七章　その他編

45 信長は、運がよかった

信長は、天正十年（一五八二）、明智光秀《あけちみつひで》の謀反《むほん》により数えで四十九歳という若さで亡くなっています。「まさか光秀が」という油断があったと思われますが、油断をしていなくても、信長は、命の危険に何度も遭遇してきました。それらを乗り越えてこられたのは、まさに奇跡であったと言えます。その信長の奇跡をいくつか紹介します。

永禄三年（一五六〇）五月に起きた桶狭間《おけはざま》の戦い。今川義元《いまがわよしもと》率いる四万五千の兵に対して信長にはわずか二千ほどの兵しかいませんでした。この戦いに勝利できたのは、今川義元の油断もありましたが、激しいにわか雨が降ったことも大きな要因であったと思います。『信長公記』の記述を見ると、「石や氷を投げつけるように、（北西を向いて布陣した）敵の顔に向かって雨は打ち付けた。味方には後方から降りかかった。」とあり、もしかすると、雨ではなく、「雹《ひょう》」であったのかもしれません。顔に打ち付ける雹により、敵は足止めされ、信長に義元を討つチャンスを与えたと考えられます。天候が、このタイミングでこのように変化しなければ、信長はこの時に討たれていたかもしれません。

鉄砲での狙撃による命拾いがあったことが、『信長公記』には二つ記述されています。

元亀元年（一五七〇）五月十九日、信長が越前国へ出陣中、北近江の浅井長政《あざいながまさ》に裏切られて撤退した後のことですが、岐阜城《ぎふ》へ帰る途中、杉谷善住坊《すぎたにぜんじゅうぼう》という者に二つ玉の火縄銃で狙撃され、玉は二つとも信長の体を少しかすっただけで済んでいます。

天正四年（一五七六）四月十四日、石山本願寺《いしやまほんがんじ》が再び挙兵したため、信長は、大坂へ軍を出陣させましたが、その救援のため、五月五日に自らも出陣しました。五月七日、信長は、先陣の足軽勢に混じって指揮をしながら戦っている時に、足に銃弾が当たって軽傷を負いました。まさに、たまたま玉が致命傷にならなかったということでした。

天正八年（一五八〇）四月二十四日、信長は、伊庭山《いば》（滋賀県）に鷹狩りに出かけました。その際、丹羽氏勝《にわうじかつ》の家臣たちが工事のため山から大石を引き下ろしていて、それを信長が通る鼻先へ落としてしまいました。故意だったかもしれませんが、事故として扱われました。運が悪ければ、この時に信長は命を落としていたかもしれません。

これらのことは、現在が奇跡の連続の上に成り立っているということをつくづく感じさせます。「あの時」に信長が死んでいたら現在はどんな世の中になっているのでしょう。

46 信長は、情報の大切さを知っていた

戦地における信長の姿として、「駆け廻って状況を見て」というような表現がよく出てきます。決まり文句のようでもありますが、信長は、戦う前に、戦地の地形を調べ、敵の軍勢がどこに配置されているのかなどを把握した上で、味方の軍勢の配置をどこにするのか、どのような戦い方をするのかを考えていることが分かります。それも信長自ら自分の目で情報収集を行っているのです。当然のことですが、写真などない時代なので、家臣からの報告だけでは戦地の状況の細かな部分は把握しきれません。このような情報だけでは、判断が鈍ることも考えられますが、信長は、情報を正確に捉えることができているため、戦いにおける判断も早かったのだと言えます。

そして、信長は、情報管理の面でも優れていたと考えられます。このことは、永禄三年（一五六〇）五月の桶狭間《おけはざま》の戦いにおいても見られます。

今川《いまがわ》勢が、五月十九日朝に、織田方の砦《とりで》を攻撃するという情報が、その前日の夕方に信長の下《もと》に入ります。しかし、その夜、信長と家老たちの間では、作戦に関する話題は少しも出ず、世間話だけで話は終わりました。家老たちは、信長のこの時の態度に対して「運が尽きる時には、知恵の鏡も曇るとはこのことだ。」と言って嘲笑《ちょうしょう》しながら帰って行きました。

夜明け頃になって、信長は、「敦盛《あつもり》」の舞を舞い、立ったまま食事を取った後、すぐに出陣し、桶狭間の戦いを勝利に導きました。

もしも、織田方の砦を今川勢が攻撃するという情報が入った日の夜に、家老たちと作戦会議をしていたら、その後の展開はどうなっていたでしょう。信長に対して嘲笑しながら帰って行った家老たちです。裏切りにより、織田方の作戦の情報が漏れてしまった可能性もあったのではないでしょうか。想像をさらに膨らませるならば、信長が何もしなかったという情報が今川方に伝わり、今川方の油断につながっていたのかもしれません。信長は、重要な情報が漏れないように、気を付けていたと考えられます。深読みでしょうか。

47 信長は、運命を二者択一させた

信長は、相手に対する処分を自ら決定せず、相手に判断させることがありました。

具体的には、元亀二年（一五七一）に行われた比叡《ひえい》山の焼き打ち、天正七年（一五七九）の法華宗と浄土宗の宗論後の処分、天正八年（一五八〇）の佐久間《さくま》信盛《のぶもり》・信栄《のぶひで》父子の追放が挙げられます。

比叡山の焼き打ちについては、前年の元亀元年（一五七〇）九月二十四日に、信長は、延《えん》暦《りゃく》寺《じ》の僧たち十人ほどを呼び寄せ、信長の味方になるか、中立の立場を取るかの二者択一を迫りました。しかし、延暦寺側は何の回答もせず、朝倉《あさくら》・浅井《あざい》方の味方をしたため、すべてが焼き払われました。

佐久間信盛・信栄父子の追放については、信盛らの職務怠慢などを指摘した後、どこかの敵を制圧する戦いをするか、出家するかの二者択一を迫りました。その結果、信盛・信栄父子は、紀伊の熊野の奥へ退去して行きました。

比叡山の焼き打ちの二者択一と、佐久間信盛・信栄父子の追放の二者択一については、選択の内容によっては、自分たちを守ることもできたという点で、信長は、チャンスを与えたとも言えます。

天正七年（一五七九）に行われた法華宗と浄土宗の宗論後の処分については、これらとは異なります。一応、二者択一の形を取ってはいますが、事実上は一択であったと思われます。

安土《あづち》で行われた法華宗と浄土宗の宗論後の処分については、宗論に敗れた法華宗の僧に対して、宗門を変更して浄土宗の弟子になるか、今後は他宗を非難しないかの二者択一を迫りました。その結果、法華宗側は、今後は他宗を非難しないという誓約書を提出しました。これは、法華宗側から騒動を起こした罰であったと思われます。

48 信長は、スケールが大きかった

信長は、想像をはるかに超える大きなものを造って人々を驚かせました。一つは大船、もう一つは天主閣です。

まず、大船がどんなものであったかを紹介します。

元亀四年（一五七三）、信長に対して反旗を翻した将軍足利義昭《あしかがよしあき》が、一度は和睦が成立したものの再び挙兵するだろうと信長は考え、その時に備えて大船を建造することにしました。

信長は、大船の大きさについて、長さ三十間《けん》（約五十五メートル）、横幅七間（約十三メートル）、艪《ろ》を百挺《ちょう》つけ、船首と船尾に櫓《やぐら》を建てて、丈夫に造るように命令しました。

五月二十二日、国中の鍛冶屋、大工、製材業者を集めて大船を造り始め、七月三日には完成しました。

ちなみに、この大船は、再び挙兵した将軍義昭を攻めるために、七月六日に近江の坂本に向けて琵琶湖を渡る時に使われました。そして、義昭の追放後、七月二十六日に近江の高島方面へ出陣する時にも使われました。その後、もう必要ないということで、猪飼野正勝《いかいのまさかつ》に命じて解体させ、その木材を用いて早舟を十艘《そう》造らせました。

次に、天主閣について紹介します。

天正四年（一五七六）、信長は、一月中旬から近江の安土山《あづち》に城を建築するように丹羽長秀《にわながひで》に命じました。そして、四月一日より、安土城の中に天主閣を建築する工事が始まりました。天主閣の外観は、瓦を使って唐様《からよう》（中国風）に仕上げるように命じました。石材については、観音寺山、長命寺《ちょうめいじ》山、長光寺山、伊庭山などにある大石を引き下ろして、これを千人から三千人がかりで安土山に引き上げました。特に大きかった蛇石という名石は、人足一万人を使って昼夜三日がかりで安土山へ引き上げたということです。

天正七年（一五七九）五月十一日、信長は、安土城天主閣に移り住みました。できあがった天主閣は、石蔵の高さが十二間（約二十二メートル）、この石蔵の内部を土蔵として使い、これを一階として七階まであったということです。

49 信長は、道路を整備した

信長は、平定した国の関所を撤廃し、人々の通行や物資の流通が自由にできるようにしました。このことが、経済の発展につながったことは有名ですが、信長が、大規模に道路の整備を命じたことも『信長公記』に書かれています。

天正二年（一五七四）の暮れに、信長は、国々に道路を造るように命じました。工事は、一、二か月という短い期間で完了したといいます。入り江や川には舟橋を架け、急勾配の道は緩やかにし、岩石のために狭められているところは岩石を取り除いて道を広げました。道幅は、三間《けん》半（約六メートル）とし、両側に松と柳を植えさせました。それぞれの地区の人々も手伝い、水をかけ、ごみを片付け、清掃したといいます。

また、信長は、各所に橋も架けました。

天正三年（一五七五）には、信長は、近江の勢田《せた》（瀬田川）に橋を架けることを命じました。

橋の広さは四間（約七・三メートル）、長さは百八十間余り（約三百二十七メートル）、両側に欄干《らんかん》を造り、丈夫に造るように命じました。

天正七年（一五七九）には、平等院《びょうどういん》の前の宇治川に橋を架けるように命じました。この橋も丈夫な橋を造るように命じています。

川は、戦いにおいては、敵の足を止める防御の働きをしますが、信長は、その働きを捨てて、いつでも通行できるようにしたのです。

関所をなくし、道路を広げたり橋を架けたりすることは、戦いが行われていた世の中では、自分自身が危険にさらされることもあると考えられますが、信長は、戦いがなくなった世の中のことを考え、人々が便利で安定して豊かな生活ができるようにしたのです。

50 信長は、安土城天主閣に平和を表現した

天守閣（安土《あづち》城の場合は天主閣）というと、物見櫓《やぐら》、武器倉庫としての働きをもつ建物や立て籠《こ》もって敵と戦うための砦《とりで》をイメージしますが、信長が建てた安土城天主閣は、全く別の意味をもつ建物であったと考えられます。

天正四年（一五七六）、前年の暮れに信忠《のぶただ》に家督を譲った信長は、一月中旬から近江の安土山に城を築くように命じ、二月二十三日には、安土城を居住地としました。そして、四月一日から大石を安土城に運んで石垣を積み上げ、天主閣を建て始めました。その時に、信長は、優れた瓦焼き職人であった唐人一観《いっかん》を呼び寄せ、天主閣は唐様《からよう》（中国風）に建築するように命じています。建築に三年ほどかけ、天正七年（一五七九）五月十一日に、信長は、完成した安土城天主閣に移りました。これらのことからも、信長が天主閣を実戦用の建物として建築させたわけではないことが分かります。もしも、天主閣が実戦用であるとしたら、外

観を唐様にする必要はなく、日頃から天主閣に住んだりしません。信長は、天主閣を見せることを意識して建てさせたことが分かります。また、安土城天主閣を城主の住む御殿としても使いました。

では、信長は、天主閣を建築して何を見せようとしたのでしょうか。それは、自分の理想、平和な世の中であったと考えられます。このあたりを、安土城天主閣の造りや内部に描かれた障壁画から明らかにしたいと思います。

『信長公記』には、安土城天主閣内部の様子が詳しく書かれています。

建物自体は、石蔵の高さが十二間《けん》余り（約二十二メートル）あり、これが一階で土蔵として使用していて七階までありました。

そして、座敷の中は、すべてに黒漆が塗られていて、絵を描いたところにはすべて金箔が貼られていました。

二階には、狩野永徳《かのうえいとく》に描かせた梅の絵がある部屋の他、鳩の絵、鵞鳥《がちょう》の絵、雉《きじ》の絵などが描かれた部屋がそれぞれありました。これらの部屋は、鷹狩りが好きだった信長らしいとも言えますが、戦国の世の中にあって穏やかで落ち着いている感じがします。

三階には、御座の間があり、花鳥の絵が描かれている他、瓢簞《ひょうたん》から駒が出たところを描いた絵や、呂洞賓《りょどうひん》という仙人と傅説《ふえつ》という宰相の図、馬の牧場の絵、西王母《せいおうぼ》の絵が描かれた部屋がそれぞれありました。この階の絵も、落ち着いたものばかりで、中国風の絵が多く見られます。

四階には、岩の周りに木々を描いた絵、竜虎が戦う絵、竹の絵、松の絵、楓と鳳凰の絵、中国故事の絵、手鞠桜の絵、庭の籠《かご》で鷹を飼っている絵がありました。この階には、風景が多く描かれています。

五階には、絵はなく、小屋の階になっていました。

六階は、骨組みが八角形になっていて、外側の柱は朱塗りで内側の柱には金箔が貼られていました。中には、釈迦《しゃか》の十大弟子や釈迦が悟りを開くまでの様子が描かれた絵などがありました。外観の八角形の形からは、法隆寺《ほうりゅうじ》夢殿の形が想起されますが、内部の絵からも仏教の世界が表現されていることが分かります。

七階は、三間四方になっていて、座敷の内側も外側もすべて金箔が貼られていました。四方の内柱には昇り龍・下り龍、天井には天人が舞い降りる図、座敷の内側には三皇、五帝、孔子《こうし》門下の十哲、商山の四賢人、竹林の七賢人など、古代中国の皇帝や賢人が描かれていました。

矢や鉄砲を放つために開けられた狭間《はざま》の戸は六十箇所ほどあり、鉄製で黒漆が塗られていて、柱の内側も外側も黒漆が塗られていました。

天主閣の外観について言えば、八角形をした六階の上に正方形の形をした七階を組み合わせていることが独特であると言えます。これは、寝殿造、武家造、禅宗様式という異なる建築様式を組み合わせた鹿苑寺《ろくおんじ》の舎利殿《しゃりでん》（金閣）を想起させます。信長は、仏教の世界も支配下に入れて平和を作ろうとしていたと思われます。

天主閣内部の障壁画について言えば、自分の威厳を示したり敵を威嚇したりするような絵が描かれていないのが特徴です。信長は、古代中国の皇帝や賢人のような優れた人を手本にして、美しい風景の中で穏やかに暮らすことを願っていたのではないかと思われます。

おわりに

「信長って、こんな人だったんだ!」

この本を読んで、このような感想をもってくださったら大変うれしく思います。

信長も一人の人間です。笑いもすれば怒りもし、喜ぶ時もあれば悲しむ時もあります。信長の性格に対して、一面的な見方でなく多面的な見方ができることが大切です。この本によって明らかになった信長の本当の姿を、自分なりにまとめると次のようになります。

信長は、真面目で武士としてどうあるべきかを常に考えていた人でした。ルールや規律に厳格であったため、時には違反した者を厳しく処分することもありました。欲深ではなく謙虚に行動し、世間からの評判を気に掛けながら領国の統治に努めました。「先んずれば人を制す」のようなずば抜けた行動力があったことが、天下統一を進めることができた一つの要因となりました。

おしゃれで、イベントの企画力があり、気さくで、気配りができる魅力的な人でした。

この本の位置付けについてお話します。この本は、歴史書ではないような内容ですが、私は歴史書であると思っています。信長の性格、行動傾向をテーマにしたということからは、歴史書ではないようですが、信長が歴史上の実在した人物であり、実際の言動を基にまとめたということから歴史書であると思っています。小学生や歴史が苦手だと思っている方にとっては、歴史の入り口として、信長研究の入門書として、読んでいただければ幸いです。

しかし、この本には大きな課題も残されています。それは、敢えて『信長公記』の記述のみを基にして信長の姿を見つけ出したことです。このようにしたのは、存在する多くの信長に対する文献を参考にすると、本当の姿が見つけにくくなると感じたからです。この本において、『信長公記』に見られる信長の本当の姿をまとめましたので、今後は、他の同時代の書物や信長研究の文献からこの信長の姿を見直すことにより、確かな信長の姿として理解を深めていきたいと思います。

最後になりましたが、この本が何とか出版にまでこぎ着けることができたのは、多くの方々の助けによるものです。心より感謝申し上げます。

まず、『地図と読む　現代語訳　信長公記』の訳者である中川太古氏、『現代語訳　信長公記（全）』の訳者である榊山潤氏の両氏に深く感謝申し上げます。『信長公記』の原文では、到底読むことができないところを、分かりやすく現代語に訳していただいたおかげで、この本を執筆することができました。信長の生涯について詳しく知りたいと思われた方は読んでみてはいかがでしょうか。

次に、小学館スクウェアの担当者、編集者の皆さんにはさらに良い本になるように様々なご提案、ご指導、ご助言をいただき、初の自費出版でしたが、完成をみることができました。改めて感謝申し上げます。

その他、出版にかかわってくださった皆様にも深く感謝申し上げます。

そして、この本を手に取り読んでくださった方に感謝申し上げます。ありがとうございました。

岡部　雄

二〇二三年五月

【参考文献】

〈本文〉

『地図と読む　現代語訳　信長公記』太田牛一著・中川太古訳　KADOKAWA　二〇一九年
『現代語訳　信長公記（全）』（ちくま学芸文庫）太田牛一著・榊山潤訳　筑摩書房　二〇一七年
『新訂　信長公記』太田牛一著・桑田忠親校注　新人物往来社　一九九七年

〈地図・家系図〉

『織田信長合戦全録　桶狭間から本能寺まで』（中公新書）谷口克広著　中央公論新社　二〇〇二年
『集英社版・学習漫画　日本の伝記　織田信長』永原慶二監修　集英社　一九八八年
『開館25周年記念　平成29年春季特別展　信長のプロフィール』滋賀県立安土城考古博物館　二〇一七年
『平成26年度　名古屋市博物館特別展　三英傑と名古屋』名古屋市博物館　二〇一四年
『人物叢書　新装版　織田信長』池上裕子著　吉川弘文館　二〇一二年

信長って、どんな人？

―『信長公記』に見える本当の姿―

2023年5月30日　初版第1刷発行

著　　　者　岡部　雄

表紙・デザイン　中村方香

発　　　行　小学館スクウェア
〒101−0051
東京都千代田区神田神保町2-19　神保町SFⅡ 7F
Tel：03−5226−5781　Fax：03−5226−3510
印刷・製本　株式会社平河工業社

Printed in Japan　ISBN978-4-7979-8765-2